C
1828

LES EMBLEMES EVCHARISTIQVES,

Composez par le Reuerend Pere
D. ALBERT BELIN
Religieux Benedictin, de
l'estroite Obseruance
de Cluny.

A PARIS,
Chez PIERRE DE BRESCHE,
ruë S. Estienne des Grecs,
à l'Image S. Ioseph.

M. D. XLVII.
Auec Approbation & Priuilege.

A MONSEIGNEVR,
MONSEIGNEVR L'ILLVSTRISSIME
& Reuerendissime
EVSTACHE DE CHERY,
Euesque de Neuers, &c.

ONSEIGNEVR,

Puisque les eminentes qualités de ceux qui nous obligent, releuent grandement un bienfait, & que leurs moindres faueurs sont estimées tres-precieuses, celles qui sont plus rares,

ã ij

EPISTRE.

ont tant de merites, que nos respects en doiuent reconnoistre le prix, pluftost que des foibles effects, lefquels reffentans la baffeffe & l'impuiffance de leur caufe, feroient trop inefgaux, & meriteroient d'eftre receus auec plus de mefpris, que d'approbation.

Partant ce feroit à moy vne efpece de temerité, fi ie voulois efcouter la penfée de reconnoiftre les graces, que depuis long-temps voftre Grandeur m'a communiquées fi liberalement, que ie peux croire auoir efté l'vn des obiects de fes bontés: ie commettrois l'imprudence de ceux, lefquels preffez d'vn fentiment de gratitude pour les biens qu'ils reçoiuent des aftres, eftudient leur nature, &

EPISTRE.

pretendans d'en mesurer les mouuemens & les dimensions, abaissent la pensée que l'on pourroit auoir de leur grandeur. Que si ie prends la hardiesse de vous offrir ce petit Ouurage, c'est sans auoir aucun regard à vos faueurs. Ie sçay qu'en cette maniere il ne peut paroistre que pour seruir de risée à ceux qui me connoissent, & qui sçauent la bassesse de ma condition comparée à la vostre. Ie pretends seulement m'acquiter d'vne generale obligation dont l'on ne se peut dispenser sans blasme : la coustume nous en enseigne l'artifice, quãd elle apprend d'immortaliser la memoire de ceux qui ne peuuent attendre de nostre impuissance que des respects & des remerciemens, &

EPISTRE.

pour ce faire, de grauer leurs images, ou d'exposer leurs noms en quelque noble lieu. Ce n'est pas vne presomption, n'estant pas commandé par le desir d'vne reconnoissance, ains seulement vn memorial de leurs vertus & liberalitez. Il est vray, MONSEIGNEVR, que cét Ouurage n'est pas vne digne medaille pour y vouloir escrire vostre nom: encores que sa matiere soit toute d'or produite par le diuin Soleil dans le sein de l'Eglise; la forme que luy a donné vn ouurier mal-habile en diminue & l'excellence, & la valeur: mais comme ce defaut ne noircit que moy mesme, & que les noms des plus grãds Roys s'escriuent sur toutes sortes de papiers, sans faire tort à leur

EPISTRE.

Royale dignité, ie pense que cette consideration n'est pas vn motif raisonnable pour m'empescher d'escrire icy le vostre, & m'excuser de ce deuoir. Si les plus grands amateurs de politesse, & de ciuilité y trouuent quelque chose à redire, ils se tairont voyās que ie confesse mon imbecillité, & celle de ma plume, & que si ie ne traitte pas assez richement les lettres de vostre nom, ma volonté n'est point coulpable, & supplée au defaut par sa confession; Ie pense tesmoigner autant le desir de vous honorer par vn adueu de ne pouuoir beaucoup, que si ie vous presentois le plus beau chef-d'œuure de la terre; puisque la gloire dont la nature nous a rendus ialoux, fait que nous

EPISTRE.

voudrions à quel prix que ce soit diſſimuler nos manquemens. Et puis i'oſeray dire, que ſi c'eſt faire tort au diamant de conioindre à ſon brillant vn eſclat eſtranger, ou ſi c'eſt la couſtume de coucher l'or deſſus les eſtoffes de moindre valeur, ie ne deuois pas preparer vne ſi riche piece pour mettre vn nom qui la doit enrichir, puis qu'elle attend de luy ſon enrichiſſement, ie ne deuois pas luy en donner d'ailleurs. Ces penſées m'ont ſemblé aſſez fortes pour deſtruire celles qui ſe ſont efforcées à me perſuader de ne vous point preſenter ce Liure ſoubs pretexte de ſon peu de merite, & m'ont donné beaucoup d'eſperance qu'elles auroiët autant de pouuoir ſur voſtre eſprit, pour le

EPISTRE.

faire agréer, qu'elles en ont sur le mien, pour vous le presenter: & vous y feroiët regarder vostre nom auec autant d'amour, que si c'estoit sur les plus belles fueilles des plumes dorées de nostre siecle curieux. Mais quand par impossible vostre bonté qui esclatte par tout, feroit la difficile à mon esgard, & ne monstreroit pas son visage ordinaire à l'aspect de ce petit present, permettez-moy de dire que ie pourrois vous y contraindre par la loy de la necessité, veu qu'ayant pris commencement par vostre ordre, il ne peut paroistre dauantage sans vostre secours. Le mesme astre qui donne naissance aux fleurs de nos parterres, les pousse & les esleue dans leur perfection. MONSEIGNEVR, vous

EPISTRE.

m'auez commandé de compoſer cette œuure, ainſi c'eſt de voſtre bouche qu'elle a pris ſa naiſſance, partant il faut que vous ſoyez touſiours ſon Pere, & qu'ayant commencé à voir le iour en vertu de vos commandemens, elle ne paſſe plus auant ſans voſtre faueur. Dauantage les eſſors de ma plume vous appartiénent auſſi bien que les paroles de ma bouche: car ſi par voſtre diuin pouuoir vous m'auez purifié les levres pour annoncer à voſtre peuple les celeſtes leçons de l'Euangile, auparauant vous m'auez conſacré diuinement les mains pour me faire vn ouurier de l'Egliſe, & partant comme l'eſtre doit tout à ſa fin & à ſa cauſe, ayant receu de vous toutes leur

EPISTRE

noblesse pour vne fin diuine, elles ne doiuent trauailler que pour Dieu & pour vous. C'est pourquoy, MONSEIGNEVR, ie peux dire que vous deuez agréer cét offre, & que par vn necessaire rapport comme tout me conuie à vous l'offrir, ainsi tout vous oblige à le receuoir. I'adoreray à iamais la haute Prouidence pour vne necessité si fauorable à mon ouurage, car ie preuois qu'ainsi qu'vn beau frontispice donne l'enuie d'entrer dans le palais : de mesme vostre Chery & riche nom paroissant à la face de ce Liure donnera plus de desir que son Autheur, d'en faire la lecture, si biē que vous l'offrāt ie ne pretēs aucū merite, mais plûtôt me lier d'vne nouuelle obligation, que ie vous auray dē procurer la veüe

EPISTRE

à ceux qui vous verront dans son commencement, & par la mesme ie feray connoistre comme ie n'ay point de plus grande passion que d'estre eternellement,

MONSEIGNEVR,

De vostre Grandeur,

Le plus humble & obligé seruiteur, Dom Albert Belin, Religieux Benedictin.

Extraict du Priuilege du Roy.

PAR Priuilege du Roy donné à Paris le vingtiesme Ianuier 1647. Signé, par le Roy en son Conseil, LEBRVN, & seellé du grand sceau de cire jaune, il est permis au R. P. Albert Belin, Religieux Benedictin, de l'estroite Obseruance de Cluny, de faire imprimer, vendre & distribuer par tel Libraire & Imprimeur que bon luy semblera vn liure qu'il a composé, intitulé, *Les Emblemes Eucharistiques* : Et ce durant le temps & espace de trois ans, à commencer du iour qu'il sera acheué d'imprimer. Et tres-expresses defenses sont faites à tous Imprimeurs, Libraires, & autres personnes, de quelque qualité & condition qu'elles soient, de contrefaire ledit liure, ny en vendre ou exposer en vente de contrefaits en aucun lieu de ce Royaume, pays & terres de l'obeïssance du Roy pendant ledit temps de trois années, à peine de confisccation des Exemplaires contrefaits, amende arbitraire, & de tous despens, dommages & interests, ainsi qu'il est plus au long contenu audit Priuilege.

Ledit R. P. D. Albert Belin, a fait transport & cession du Priuilege cy-dessus à Pierre de Bresche, Marchand Libraire à Paris, pour iouyr du contenu en iceluy durant le temps y mentionné.

Les copies ont esté fournies pour les Bibliotheques du Roy, & de Monseigneur le Chancelier.

Acheué d'imprimer pour la premiere fois le dernier Iuin 1647.

---

page 31. ligne 21. lisez, douceurs. p. 96. l. 21. lisez, amoureux. p. 165. l. 18. lisez, *rancidum*. p. 242. l. 19. lis. De plus en la l. p. 256. l. 6. lis. la, & l. 7. lis. & qu'ils.

TABLE DES
Emblemes.

Embleme premier, *L'Amour dans la hayne*, page 1.

Embleme second, *La vie dans la mort*, 57

Embleme troisiefme, *La grandeur dans l'abaiſſement*, 99

Embleme quatriefme, *La ſuauité dans le dégouſt*, 145

Embleme cinquiefme, *Le Soleil dans la nuict*, 179

Embleme sixiefme, *Les richeſſes dans la pauureté*, 221

Embleme septiefme, *L'Antidot dans le venin*, 269

Embleme huictiefme, *La force dans la foibleſſe*, 323

EMBLEMES

EMBLEMES EVCHARISTIQVES.

L'AMOVR DANS LA HAYNE,
au tres-sainct Sacrement de l'Autel.

PREMIER EMBLEME.

Et posuerunt aduersum me mala pro bonis, & odium pro dilectione mea, Psal. 108.

Ils m'ont rendu le mal pour le bien, & payé mon amour par la hayne, *Psal.*108.

C'EST vn deuoir de la sagesse de figurer les effets de ses plus belles ordonnances, quelque temps auparauant

A

qu'ils soient produits, pour en faciliter la connoissance à nos esprits, autrement la veüe inopinée de leur grandeur, leur pourroit causer vn dangereux estonnement, & faire qu'ils traitteroient auec des pensées de blaspheme, ce qui merite des respects, & adorations. Nous connoissons aussi que la Puissance exacte & riche ouuriere de ses ordres, auant que d'exposer à nostre veüe ses plus diuins ouurages, en fait quelque petit crayon, & par ces delicates images conduit doucement nos pensées à de plus grandes choses. Dans la nature si elle veut nous monstrer son Soleil, elle peint auparauant au Ciel vne Aurore

Euchariſtiques.

comme vn crayon de ſes lueurs, & dans ſes autres plus occultes demarches voulant marquer le iour & l'heure eſpouuentable d'vn dernier iugement, elle en depeindra legerement les rigueurs dans le Soleil, la Lune, & les Eſtoilles, & au plus apparent ſujet de la nature. *Erunt ſigna in Sole, Luna & Stellis, &c. Luc. 21. c. 25.*

Les ſciences & les arts qui ſont inſpirez aux humains par des rayons ſecrets de cette adorable Princeſſe, & qui par des hommages neceſſaires s'accommodent touſiours à ſa conduitte, ne monſtrent rien de beau ny de parfait qu'apres en auoir donné quelque petit ombrage. Le Philoſophe nous diſpoſe par vn abbregé de ſes belles lumieres, à descouurir entierement leurs merueilleux esclats. Le Peintre crayonne son image sur le papier, auant que d'en tracer les traits & les beautez dessus sa toile. Il falloit donc Messieurs, que nostre Dieu pour obeyr aux mouuemens de sa sagesse, voulant donner son Fils au monde, le plus riche ouurage de sa Toute-puissance, la plus éclattante image de sa Diuinité, & le plus bel astre de son Ciel, nous en fit voir auparauant quelque figure. Aussi remarquons nous dans l'ancien Testament, que la grace s'est accordée auec la nature pour former plusieurs grands personnages qui seroient les aurores de ce diuin

Speculū sine macula Dei maiestatis, imago bonitatis illius. Sapient. 7.

Soleil, & figureroient, quoy que grossierement, les grandeurs d'vn Dieu humanisé, la plufpart des Prophetes, Roys, Iuges & Patriarches ont receu du Ciel ce priuilege, & tous à leur façon ont figuré le Fils Eternel dans le temps. Mais s'il m'est permis de declarer mon sentiment plus en particulier; Ie diray que de tous, Samson a esté sa plus fidelle image, & que les merueilleux rapports que ie vois entr'eux deux, me forcent à conceuoir cette pensée qui peut facilement s'authoriser par vne induction. Samson nasquit d'vne femme sterile naturellement impuissante de generation, & Iesus a esté formé dans les flancs d'vne Mere, Vierge deuant, & Vierge apres l'enfantement, contre toutes les loix de la nature. La mere de Samson fut cōsolée d'en-haut du doux espoir de sa naissance, & entendit de la bouche de l'Ange les mesmes paroles que Marie, à l'ambassade de sa Maternité.

Le sainct Esprit descendit sur Samson, & par l'vn de ses plus puissans & amoureux effets, le rendit entre les hommes le plus fort, comme il a fait sur Iesus-Christ dans les eaux du Iourdain.

Samson s'amouracha d'vne traistresse & estangere Philistine, qui le traittant d'ingratitude deuoit payer ses a-

Eucharistiques. 7

mours & ses fidelitez par la feintise & par la mort; Comme Iesus a fait de nostre humanité, qui plus ingrate & desloyale que Dalila, le deuoit par ses rages attacher à vn poteau infame, pour luy faire finir sa vie toute innocente, par le supplice des plus grands criminels.

Samson apres son mariage fit vn festin tres magnifique pour celebrer ses nopces, & le Fils Eternel de mon Dieu, s'estant incarné & marié auec nostre nature auant que dire *Consummatum est*, & consommer le mariage espanchant son sang precieux, ainsi qu'vne riche semence sur l'arbre de la Croix, pour engendrer

Ioã. 30.

A iiij

tous les fidelles, a fait vn beau festin à tous les hommes parens de cette Espouse en leur donnant son sang à boire, & sa chair à manger.

Partant nous ne pouuons douter que Samson n'ayt esté vne vraye figure de Iesus, puisque nous y voyons tant de rapports. I'ay oublié seulement vne chose que ie trouue en Samson, qu'il faudroit pareillement rencontrer en Iesus ; Samson dans son festin pour resiouyr, & diuertir la compagnie, proposa des curieux Emblemes, *De comedente exiuit cibus, & de forti dulcedo*, mais ne pensez pas aussi que cette belle circonstance ayt manqué au festin de

Iudic. 14. 14.

mon Dieu. Nous propose-il pas au tres-sainct Sacrement de l'Autel qui compose miraculeusement son celebre banquet, plusieurs remarquables Emblemes, qui meritent autant de respect, que d'admiration? Puisque c'est là qu'il nous fait voir vn amour dans la hayne, la vie dans la mort, la grandeur dans l'abbaissemẽt, la suauité dans le dégoust, le Soleil dans la nuict, les immenses richesses dans vne extreme pauureté, l'antidot dans le venin, & la force dans la plus grande de toutes les foiblesses.

C'est pourquoy desirant donner quelque entretien aux plus deuotes ames, des merueilles de ce festin delicieux, ie suis d'auis de terminer les rapports du mystere, & puisque nous sommes tous côuiés à ce diuin banquet, imitans les conuiez de Samson, de penser à l'explication de ces Enigmes, ie crois ne pouuoir pas choisir vn dessein plus noble, & plus agreable à vos esprits, aggreez-le Lecteurs, & tenez pour certain que vous en tirerez autant de fruicts que de plaisirs: & puisque l'amour est la cause de toutes les meruicilles du Ciel, trouuez bon que ie commence par celuy qui nous fait voir vn amour dans la hayne, & que ie vous fasse auoüer auec moy, que l'adorable Eucharistie est le Liure, où le Pſalmiſte a puiſé ces paroles, *Poſuerunt odium pro dilectione mea.* Mere amoureuſe de l'amour, qui auez eſté vn beau lys parmy les eſpines, & qui n'auez trouué que de la hayne, & du meſpris pour vos amours, & vos beautez, vous nous pouuez ayder en ce ſujet, partant proſterné à vos pieds, i'implore voſtre amoureux ſecours.

A plus ſage de toutes les maiſtreſſes par vne amoureuſe conduitte que le Ciel luy enſeigne, nous a touſiours autant defendu les approches, & commandé les fuites des ennemis de noſtre bien, comme elle a ordonné les recherches des plus fidelles amis de nos felicitez, la nature ayant pris du plaisir de faire en chaque chose vne belle harmonie, pour nous manifester l'vn des plus espanouys rayons de sa sagesse, n'a point manqué de verser vn amour, pour ce qui peut seruir à l'entretien de son concert, & d'y grauer vne hayne irreconciliable, contre tout ce qui peut en procurer la dissolution.

Le corps refuyt du moins autant les maladies, les foüets, les gehennes & les supplices, qu'il ayme la santé, les douceurs, & les delicatesses. Les sens qui sont tant importuns pour les obiects qui les delectent, font paroistre vn desplaisir extreme, lors qu'ils sont engagez parmy ceux qui contrarient leurs inclinations. Les yeux les plus indifferens s'ennuyent dans les obscuritez: les moins difficiles oreilles souffrent des violences au son d'vn rude organe: la fantaisie se trouble, & l'imaginatiue s'espouuante des diuerses chimeres qu'elles se vont forgeant: l'entendement deteste le mensonge, & la volonté ne peut souffrir les moindres apparences du mal, d'où vient que les plus noirs pechez, se presentans à elle pour estre aimés, & pour gaigner ses bonnes graces, sont contraints de se former vn masque de vertus; sont autant de tesmoignages d'vne fidelle obeïssáce à celle qui pour conferuer fes ouurages, leur a imprimé vne crainte, & gliffé quelque forte de hayne, quand elle les a fait, contre les enuieux de leurs bon-heurs; car il eft vray que les infirmitez deftruifent les merueilleux compofez de nos corps, & reduifent leurs beautez en pouffiere, noftre veüe fe bleffe dans la nuict; remarquons nous pas qu'ayant efté long-temps dans les tenebres, elle ne peut fupporter la lumiere? cette brillante qualité eftant fon vnique aliment, il ne faut point douter que fon abfence n'affoibliffe fa pointe, de mefme les bruits & fons des-agreables, alterent le tam-

Eucharistiques.

bour de l'oreille, causent souuent des surditez, du moins le rendent incapable de iuger ou de prendre plaisir és plus charmans accords; ainsi l'erreur & le mensonge obscurcissans nostre intellect, corrompent & peruertissent sa nature, & le mal cause à la volonté vn malheureux desreglement. Et cette impression est si vniuerselle, que nos plus soigneuses pensées ne peuuent rien descouurir exempt de son pouuoir: non seulemét les hômes, & les animaux; mais les plantes encores en reconnoissent la puissance. Les curieux explorateurs de la nature nous enseignent-ils pas que quelques arbres meurent, & d'au-

tres se retirent & quittent le premier lieu de leur naissance à la presence du palmier? La brebis fuit-elle pas le loup? La poule tremble au moindre ombrage que font sur son fumier les aisles du Milan, & tous les animaux reconnoissans leurs ennemis par vne especc de raison, que l'on appelle instinct, en sentans les approches, donnent aussi-tost des signes de leurs inimitiez: les plus forts attaquent les plus foibles, & les foibles fuyét à l'aspect des plus forts, il semble mesme que les estres sans ame priuez de mouuement, d'instinct & de raison, s'efforcent à leur mode d'en laisser quelque marque, tous
les

les metaux & mineraux, excepté l'or, se brisent, & se rompent estans conioints auec l'antimoine, l'esmeraude se casse à la presence de quelque impureté, dont elle est ennemie.

Comme l'amour est vn ayman qui a pouuoir d'attirer toutes les choses à soy, de conquerir les cœurs par ses affections, l'appetit par ses delicatesses, & mesme les choses insésibles par ses miraculeuses sympathies, ainsi la hayne est vn poison qui les esloigne par ses auersions, & les rebute par ses antipathies, & ce poison est tellement subtil & violent, que les plus vertueux, les mieux instruits, & les plus

B

auancez dans l'eschole du Ciel, ont peine de trouuer au magasin de leurs vertus, vn antidot assez puissant pour en diuertir les mortels & dangereux effets. Messieurs qui faites profession publique des vertus, qui tremblez aux plus petites menaces du peché, & n'en pouuez souffrir la plus legere image, ne celez point la verité à vostre conscience, ne m'aduoüerez vous pas que difficilement vous supportez celuy que vous sçauez vous vouloir mal ? l'on a veu de grãds hommes qui sembloiét auoir emoussé toutes les pointes des insolentes & importunes passions, succomber aux rapports des outrages, & des indignitez que la hayne d'vn homme leur procuroit iniustement, il est fort mal-aisé de regarder d'vn œil tout amoureux le cousteau qui nous tuë, la gresle qui perd nos heritages, le feu qui brusle nos maisons, & de caresser les ours, les loups, & les lyons, quand ils commencent à nous monstrer leurs dents, pour faire de nos corps vne funeste proye. Socrate & Seneque s'esbranlerent, apprenans les mauuaises volontez de leurs Princes; s'il est difficile de ne pas aymer ceux qui nous ayment, il l'est dauantage de n'hayr pas ceux qui hayssent. Car comme l'amour prend sa naissāce du sentiment du bien, & la hayne du sentiment du mal, à cause que les biens qu'vn amy nous peut faire icy bas, ne sont ny purs, ny perdurables, mais tousiours meslangez de douleurs, suiuis d'amertumes, & courts dans leur durée, partant n'ont point de trop charmantes ou sensibles douceurs, & les maux au contraire ayant des pointes rigoureuses, par consequent des atteintes extrémement sensibles, de là vient que nous receuons beaucoup plus ayfément les semences de la hayne que celle de l'amour, & que nous hayssons plus facilement ceux qui nous veüillent du mal, que nous n'aymons ceux qui procurent nostre bien: aussi quand nous voyons vn homme n'auoir que des tendresses, pour ceux qui n'ont pour luy que des rigueurs, nous le considerons comme l'object de nos plus grands estonnemens. Aduoüez donc Messieurs, que le tableau lequel nous represente vn amour dans la hayne, est vn Embleme merueilleux, puis ie commenceray à vous faire cõnoistre, comme il est naïfuement depeint au tres-sainct Sacrement de l'Autel, estant certain que Dieu autant admirable qu'adorable en ses œuures, n'a iamais tant rencontré de hayne, ny fait voir tant d'amour qu'en ce diuin Mystere.

Si ie le considere dans ses

commencements quand il l'institua, ie trouue dans S. Paul,
que c'estoit la nuict mesme
que l'on le trahissoit, *Dominus
Iesus in qua nocte tradebatur.*
Ce n'estoit point quand les
peuples le suiuoient au desert,
publians ses miracles, admi-
rans ses prodiges, & preschans
ses eloges, ny quand il fut recogneu Roy, & que les enfans
des Hebreux portans les palmes, & les oliues crierent hautement, *Hosanna Filio Dauid.*
Mais ç'a esté quand Iudas son
Apostre executoit sa perfidie,
& machinoit sa trahison: ç'a
esté quand les hommes luy
preparoient des cloux, des
foüets, des roseaux, des espines: ç'a esté quand Herodes se

1.Cor.11.

disposoit aux cruautez, Pilate à ses iniustices, les bourreaux à leurs seueritez, les soldats à leurs indignitez, les Iuifs aux affronts, aux crachats, aux iniures, & que tout vn peuple irrité contre l'Innocence, l'a voulu faire passer pour vne criminelle, l'attachant honteusement à vn poteau infame au dessus d'vn Caluaire, *In qua nocte tradebatur*: en vn mot, ç'a esté quand la hayne des hommes inhumains, possedez des plus malins & furieux Demons, produisoit les effets de ses plus grandes cruautez, *In qua nocte tradebatur*; De sorte qu'il a pris son commencement dans nos haynes, & sa naissance dans nos cruelles inimitiez, & en effet ce ne fut que la veüe de sa mort qui le porta à nous laisser cette merueille, si la mort n'eust pas eu le pouuoir de nous le desrober, il n'auroit pas tiré des archiues de sa toute-puissance, cette prodigieuse inuention pour demeurer tousiours auec nous: partant comme la hayne a esté la cause de sa mort, & sa mort de son esloignement, & son esloignement le motif de cette inuention, nous pouuons dire que la hayne est le premier principe de ce mystere mille fois estonnant. Apres si ie le considere dans la suitte des temps, ie vois que comme il a commancé dans la hayne, il a tousiours esté & y persiste encores, ainsi que les belles perles d'Orient qui ayans pris naissance dans la saleure de la mer, se nourrissent & se conseruent dans icelle. Sçauez vous pas Messieurs, que ce plus qu'adorable Sacrement, a de tout temps esté vn object de hayne & d'indignation? Que n'ont pas fait les heretiques pour le perdre? tous les siecles ont veu des hommes assez impies, lesquels escumans de rage l'ont combattu auec tous les efforts de leur pouuoir. Les vns par leur raison, voulans persuader qu'il ne failloit point croire ce qui surpassoit la portée de nos intelligences. Que n'ont point fait à cette fin deux iumeaux de l'Enfer, dont la race n'est pas encores esteinte? Luther & Caluin ont desployé pour ce sujet leurs plus grandes finesses, & fait ioüer les plus subtils ressorts de leur malice & perfidie. Les autres ne pouuans raisonner assez bien pour destruire le plus propre & legitime effect d'vne toute puissance, se contentans de ne l'a point comprendre pour luy dresser des batteries, en sont-ils pas venus aux mains?

Dans toutes les Prouinces si nous croyons aucunement à l'histoire, l'on a vsé des cousteaux, & des feux pour l'attaquer visiblement. Nous auons encores dans nos pays voisins des tesmoignages de cette

Eucharistiques. 27

horrible verité, & mesme és iours que nous auons vescu nouuellement passez, a-on pas fait és Allemagnes & ailleurs des actions que le Ciel n'a peu voir sans horreur, & dont l'enormité me rauit presque l'vsage de la langue, pour vous les declarer?

L'on a pris les Hosties consacrées és ciboires que l'on a prophanees, & par vne malice beaucoup plus qu'infernale, l'on en a ietté vne partie dans les plus sales lieux que ie n'oze nommer, l'on en a fait aualler à des chiens, voire la malice a esté bien si patiente que d'en cloüer aux portes des Eglises, afin que l'impieté ayt des tesmoins publics de sa rage. Ie sçay Messieurs, & i'ay esté és lieux où tout cecy est arriué; Et auiourd'huy sans aller plus auant, voyons nous pas la mesme chose ou du moins approchant ? Lors que ie voys les Prestres à l'Autel, & les considere disans la Messe, tous les iours noircis pourtant de crimes & pechez ; & portans à la table de la Communion ce mets delicieux des Anges dans la bouche & poictrine des infames pecheurs, il me semble voir les mesmes impietez commises par des baudouliers desguisez auec vn Sainct habit, & à l'abry des plus iustes & plus sanglants reproches, soubs le nom de Chrestien, qu'ils ne meritent pas, logeans cette Adonis dans vne estable, & ce Dieu de grandeur dans des plus sales lieux, que les plus infectés latrines, & plus puantes cloaques de la terre. De sorte que tout estant cõsideré, iamais mon Dieu n'a tant trouué de hayne, de rage & de colere qu'au tres-sainct Sacrement, non pas mesme si vous y prenez garde sur l'arbre de la Croix dans les secousses de sa mort, veu qu'en la Croix la hayne l'a tué seulement vne fois, & au sainct Sacrement elle le tuë millefois chaque iour ; en son amere Passion, il n'a esté battu, foulé aux pieds, & bassoüé que trois ou quatre iours, mais au S. Sacrement, il est foulé, violenté, & mal traité sans trefue & interualle, en sa mort il n'a souffert que dans vne cité, & dessus vn Caluaire, mais icy ie vois qu'il souffre en tous les coings du monde; Car comme dit sainct Chrysostome auec Theophilacte, celuy qui mange indignement ce pain, est autant criminel que s'il auoit tué vn Dieu, & versé insolemment son sang. *Reus est talis cædis Dominicæ, ac si Dominum occidisset & Christi sanguinem effudisset.* Et saint Ambroise dit en termes exprés, que par cette irreuerence l'on foule aux pieds le corps de mon Sauueur, *Hoc peccato conculcatur corpus Domini.* Et sainct Cyprien asseure qu'on luy fait violence ; partant comme les milliaces d'hommes s'approchent tous les iours indignement de cette table en mille endroits du monde, il est certain que Dieu au tres sainct Sacrement est tué, foulé aux pieds & violenté vn million de fois en mille & mille lieux, & par ainsi il y trouue plus de hayne, qu'il n'a fait sur la Croix dans les secousses de sa mort.

Neantmoins Messieurs, c'est là qu'il produit pl⁹ d'amour, & que son feu eslance ses plus diuines flámes, il imite les cieux dont il participe en quelque sorte la nature, *Secundus homo de cœlo cœlestis*, qui distillent & renuoyent icy bas, d'autant plus de douleurs & de fertiles pluyes pour feconder la terre, qu'ils ont receu de mauuaifes vapeurs pour en eftre toublez; il fuit les mouuements de la nature és effets de fes plus grandes graces, & comme elle enfeigne de fe roidir, & defployer toutes fes forces à la prefence des contraires, il en practique les leçons, pour monftrer qu'il n'a rien eftably comme autheur que luy mefme ne faffe.

Le feu s'embraze dauantage quand l'Hyuer eft plus rude, & l'eau par la loy de la mefme Antiperiftafe conferue mieux fes plus viues froideurs, lors que l'Efté eft plus bruflant. Ainfi le Fils de Dieu a fait efclatter le brillant de fon
plus

plus grand amour, quand il a recognu plus de froideurs, & plus de glaces à son esgard dans les cœurs des mortels, & ressenty les pointes de leur plusque barbaresque colere. Quand vn amant ne pouuant gaigner le cœur de son objet, ne se desgouste pas, mais obeyssant pluftot aux artifices de l'amour inuenté des philtres, & des charmes, c'est vne marque que son amour est grand, puisque les glaces & mespris de la personne qu'il adore, au lieu d'esteindre son feu, l'allume dauantage.

C'est donc, dans la hayne des hommes que Dieu a fait paroistre son plus bruslant amour, puisqu'au lieu de conceuoir quelque dégouſt dans nos inimitiez, il a forcé ſon cœur à cōpoſer des philtres, & des charmes pour nous porter à ſon amour. Oüy Meſſieurs, ſçauez vous pas que le S. Sacrement eſt vn philtre d'amour? les amoureux du monde n'ayans pas en eux meſmes d'aſſez grands auantages, ou aſſez de bon-heur pour rencontrer du reciproque dans les objets qu'ils ayment, ont recours aux artifices amoureux, & font de certains philtres, où ils meſlent de leur propre ſubſtance, leſquels eſtants auallez changent ſubitement vn cœur, ſes froideurs en flammes, & ſes glaces en feux.

Meſſieurs, Dieu en a fait

Euchariſtiques. 35

autant, il a touſiours aymé les hommes d'vn amour eternel comme luy, *Cùm dilexiſſet ſuos, in finem dilexit eos*, mais encore qu'il ayt toutes les plus nobles, charmantes, puiſſantes, & rauiſſantes qualitez pour attirer & conquerir leurs cœurs, toutefois par vn malheur prodigieux, il ne pouuoit en flechir les obſtinations, c'eſt pourquoy il a eu recours aux amoureuſes inuentions, & composé vn charme, & vn philtre d'amour de ſa chair, & de ſon propre ſang, nous le fait aualler finement, caché & deſguisé ſoubs les eſpeces du pain & du vin, afin que par cette ingenieuſe vnion, nous ne ſoyons plus froids & de

C ij

glace pour luy, mais des celestes amoureux, par où il appert que dans la hayne des humains il allume le feu de son amour, puis qu'au S. Sacrement, où il ne trouue que des inimitiez, il fait paroistre son ardeur, se donnant aux hommes en breuuage. Car si les Scytes autrefois prenoient pour tesmoignage de l'excez d'vn amour la boisson de leur sang, si les Arabes en tiroient de leurs veines auec des pierres aiguës, si les Garamantes se le suçoient les vns les autres, si les Medes & les Lydiens se le faisoient couler de toutes les parties de leurs corps, puis le beuuoient ensemble, pour faire voir comme ils aymoient beaucoup, faut-il pas croire que mon Dieu fait voir au tres-sainct Sacrement vn amour sans pareil, puisque là il nous donne son sang à boire, & sa chair à manger?

Et en effet l'amour selon le Philosophe, n'estát autre chose qu'vn desir d'vnion de l'amant auec la chose aymée, ou pour parler plus clairement vne qualité, ou vertu vnissante, & de l'amant & de l'aymée, l'vnion est l'effet formel de l'amour: ainsi la grandeur d'vn amour se recognoist par la grandeur de l'vnion. Mais il est vray que iamais Dieu ne s'est lié si fortement à l'homme, que dans ce Sacrement: il séble mesme que l'vnió Sacra-
C iij

mentale ayt quelque chose dauantage que celle de l'Incarnation, veu que premierement dans l'Incarnation, il n'vnit à l'homme que sa diuinité, & au S Sacrement, il attache & sa diuinité & sõ humanité, partant a quelque chose de plus, du moins extensiuemét, & puis en second lieu il s'vnit à mille & mille differentes personnes, où s'incarnant, il s'est vny seulement à vn seul, & puis encores estant semblable à celle que Iesus a auec son Pere, comme luy mesme nous enseigne, *Vt sint vnum sicut & nos.* Et ailleurs dit-il pas, *Sicut misit me viuens Pater & ego viuo propter Patrem, sic qui manducat me, & ipse viuet propter*

Ioan. 17.

Ioan. 6.

me. Sans doute elle est des plus estroittes entre les vniõs. Aussi les Saincts Docteurs ne pouuans comprendre sa grandeur, se seruent de la comparaison des choses plus vnies pour nous en representer quelque grossier crayon. S. Chrysostome prend celle du leuain qui rend semblable à soy toute la masse de farine, & ailleurs il l'a compare à celle qui se fait de l'aliment auec l'animal. S. Cyrille à deux cires fonduës qui se meslent si bien, que la veüe ne les peut discerner; les autres la comparent à celle du mariage de premiers progeniteurs, asseurant qu'au mariage qui se fait de Dieu auec l'homme au tres-sainct Sacrement,

Chrysosto. Homil. 450

Cyr. Ale. Si quis liquefa-ctæ ceræ aliam in fuderit, alteram cum altera per totũ cõ-misceat necesse est: ita si qui car-nẽ & sã-guinem Dñi recipit, cũ ipso ita cõ-iungitur vt Chri-stꝰ in ip-so & ipse in Chri-sto inue-niatur. lib. 4. in Ioã. c. 17

l'on peut dire auec plus de raison ce que l'on dit des mariez, *Erant duo in carne vna*, puisque Dieu y donne tout son corps & tout son sang, & l'homme le possede & reçoit, & est fait comme vne mesme chose auec nous, *Nos, vt ita dicam*, dit S. Chrysostome, *in vnam massam reduxit*, par la vertu de cette admirable vnion, *Vt sint vnũ sicut & nos*. Voyés vous pas aussi qu'vne ame nourrie de cette angelique viande, paroist auoir ie ne sçay quoy de celeste & diuin, dont son visage porte mesmes les marques; ses yeux ne regardent que Dieu, ses discours ne parlent que de Dieu, sa volonté n'ayme que Dieu, le monde luy renuerse l'estomach, les richesses luy paroissent comme à sainct Paul, des vilains excrements, les grandeurs & honneurs que les mondains adorent & idolatrent, luy semblent des ballieures & fourbes de neant, tout ce qui n'est point Dieu luy cause de l'ennuy, c'est que l'vnion de Dieu auec vne ame dans le S. Sacrement est si estroitte & admirable, qu'ils sont eux deux la mesme chose, & à raison de cette identité l'homme ne vit plus vne vie naturelle, mais vne vie diuine qui produit des actions que nous pouuons nommer Theantropiques de Dieu, & d'homme tout ensemble : or si l'vnion Sacramentale est si estroitte, la grandeur de l'amour se mesurant par la grandeur de l'vnion, l'vnion estant l'effet formel de l'amour, nous pouuons par la iustifier l'excez de l'amour de mon Dieu, enuers les hommes dans le S. Sacrement.

L'experience en donne d'autres marques, lesquelles estans plus sensibles peut estre persuaderont mieux cette amoureuse verité, ce sont les langueurs, les extases, & les rauissements.

La voix du peuple nous asseure que quand semblables accidents arriuent à vn amant, son amour est dãs son zenith, & au plus haut de ses degrez.

Eucharistiques. 43

Messieurs, vous n'y auez pas pensé, mais si vous voulez y reflechir, vous connoistrez que Dieu souffre, du moins, paroist souffrir au sainct Sacrement des langueurs, des extases, & des rauissements.

Pour le descouurir clairement, sçachez que la langueur est vn effet de l'amour qui debilite grandemēt vn amant, à raison de l'absence de l'objet, ou de la priuation des moyens d'auoir sa iouyssance : voyez vous pas aussi que les folastres amants des creatures, ne pouuans venir à bout de leurs desseins chargent les pasles couleurs, sont aussi defaits que si vn an entier ils auoient esté trauaillez de quelque fieure quarte, c'est la langueur qui les abbat. Car comme l'amant a toutes ses facultez tenduës pour le bien qu'il ayme, se voyant dans l'impuissance de sa possession, alors comme nonchalant de soy-mesme, se laisse aller ainsi qu'vn arc, lequel ayant esté bandé long-temps en perd toute sa force.

L'extase n'est autre chose qu'vn transport d'esprit, qui n'est point causé par l'absence de l'objet, ains par des phantastiques speculations des biés que peut apporter la douceur de sa possession; elle est differente de la langueur, en ce que la langueur presuppose l'absence, & non fait point l'extase.

Le rauissement participe des deux, de la langueur en tāt qu'il affoiblit, & de l'extase en tant qu'il a la mesme cause immediate, ie dis immediate, veu que la mediate de tous trois est l'amour, mais il differe en ce que l'extase transporte, & esleue vn esprit, & le rauissement ne fait que le troubler & peruertir, car comme il est causé aussi biē que l'extase de la contemplation continuelle des perfections, & des douceurs de la possession de l'obiet bien aymé, la chaleur quittant toutes les autres parties se retire au cerueau, qui est le siege de nostre entendement, & laisse en tout le corps vne certaine intemperie qui corrompant & consommant le plus pur sang, desteint, fait pallir le visage, donne des battements de cœur, & cause mille sortes de symptomes, & de conuulsions, si bien qu'vn homme en cét estat n'a point d'asseurée consistence, tantost il donne des signes de ioye, aprés des marques de douleurs. Dans cét estat les plus sages font de grandes folies, les plus grands s'abbaissent à des seruices indignes de leur rang, les glorieux deuiennent humbles, les auares font des profusions, les lasches mesme deuiennent hardis & courageux.

Cela presupposé considerant mon Dieu dans le S. Sacrement, ie voys en luy auec

Eucharistiques. 47

estonnement des langueurs admirables, des extases estranges, & des rauissements prodigieux.

Premierement, quelle langueur n'a-il pas tesmoigné quand il l'institua? il estoit si foible qu'il tomba aux pieds de ses Apostres, c'estoit à la verité pour leur lauer les pieds, mais c'estoit aussi pour témoigner sa foiblesse amoureuse, considerant tout languissant que l'heure commençoit à sõner à laquelle il les deuoit quitter: il auoit esté toute sa vie bruslát d'amour pour nous, & d'vn amour presque passionné (s'il est permis de parler de la sorte) en fin n'en pouuant plus, il cede à ses langueurs, &

ses langueurs l'abbatent aux pieds de ses Apostres, & ce fut pour lors que tout debile & languissant, comme par vn dernier effort d'vn vrai amour, lequel ne se rebute point, il trouua ce moyen adorable pour demeurer tousiours auec nous, *Vsque ad consummationem sæculi.*

Secondement, y connoissez vous pas des estranges extases, diriez vous pas qu'il est transporté d'esprit, de se donner à l'homme si prodigalement, de voir vn Dieu se donner en mercy à sa creature, vn Roy à son vassal, la liberté à l'esclauage, la puissance du ciel à la foiblesse de la terre, ses richesses au plus miserable rebut

but de la nature?

Dauantage quel plus grand rauiſſement pourroit-on deſcouurir que celuy du meſme Dieu, le conſiderant dépoüillé de toutes ſes grandeurs, & fait, comme dit l'Eſcriture, *Tanquam tenerrimus ligni vermiculus*, quel rauiſſement de voir ce grand & puiſſant Dieu, ne pas dédaigner la puanteur de nos poictrines, & qui plus eſt la laideur de nos ames?

Toutes les fabuleuſes langueurs, extaſes & rauiſſements de nos plus amoureux anceſtres, n'oſeroient plus paroiſtre, depuis que mon Dieu a ſouffert les attaques de ces trois enfans legitimes d'amour, les circonſtances y pa-

D

roissent si hautes & diuines, qu'elles ne peuuent admettre vn paralelle.

Si donc, Messieurs, nous le voyons dans le sainct Sacrement rauy, extasié & languissant, nous l'y voyons aussi tout amoureux, & le voyant tout amoureux, l'ayant veu dans la hayne, rage & colere des hommes, nous aduouërós que là paroist la verité de nostre Embleme, & que c'est vn tableau naïf, & naturel de l'amour dans la hayne, ie veux dire l'amour d'vn Dieu dans la hayne des hommes.

Et de là pour conclusion de ce present discours, apprenez vne belle leçon cachée : mais que ie descouure dans ce premier Embleme; apprenez par là, & prenez vn motif puissant, de n'estre plus volage en vos affections, changeans en vos amours, & inconstans dans les moindres attaques, qui choquent vos inclinations. Car si nos rages & nos haynes, nos furies & choleres n'ont pû destourner le cœur du Fils de Dieu de nous faire du bien, si nos glaciales manies n'ont peu esteindre son bruslant amour, ny adoucir ses ardentes flammes, si les cloux, les foüets, les roseaux, le sang & les espines, si nos indignitez, si les cruautez d'vn Herode, les iniustices d'vn Pilate, la seuerité des bourreaux, la honte du Caluaire, l'infamie de la

D ij

Croix, les crachats des Iuifs, les affronts des soldats, & tant d'horribles traitements que l'on luy preparoit, & qu'il voyoit deuant ses yeux, n'ont pas esté assez puissans pour l'empescher de se donner soy-mesme en tesmoignage de son affection, auons nous pas sujet de l'aymer d'vn amour inalterable, mesme quand il nous frappe: ses coups sont ceux d'vn benin Pere, & les nostres estoient des coups de satellites & de bourreaux: aymons-le donc Messieurs, quand il nous frappe comme Pere, puis qu'il nous a aymé, quand nous l'auons battu comme bourreaux, rien n'a pû le separer de nous, rien ne l'a empesché de nous donner des roses quand nous luy auons presenté des espines, il faut aussi que rien ne nous separe d'auec luy, & que nous luy rendions les mesmes roses, s'il nous fait ressentir quelque pointe d'espine, il s'est donné à nous quand nous proietions de le faire mourir. Donnons nous donc à luy, quand mesme il nous menaceroit de mort, il s'est sacrifié pour nous, nous l'auons sacrifié à nostre passion, sacrifions nous pour luy, quand mesme il voudroit nous sacrifier à ses iustes vengeances; nous aymons assez Dieu quand il nous fait du bien : mais quand il frappe, nous luy tournons le dos, nous luy sommes fidelles quand il nous rit, & nous caresse: mais s'il afflige tant soit peu, nostre amour se dissipe.

Messieurs, si Dieu nous auoit imité, nous n'aurions pas cét adorable Sacrement qu'il a donné à son Eglise parmy les rigueurs de nos haynes, *in qua nocte tradebatur*. Asseurez-vous, que cette circonstance n'a esté ordonnée de Dieu que pour cette fin, il sçauoit que les souffrances estoient les voyes du ciel, & s'il vouloit que nous l'aymassions dans nos souffrances, il vouloit que nous receussions auec amour pluftost qu'auec des regres, les trauerses & les aduersitez, c'est pourquoy, pour nous monstrer l'exemple

Eucharistiques. 55

il a fait paroiſtre ſon amour dās nos inimitiez, ſes feux dās nos glaces, ſes douceurs dans nos rigueurs, ſes bien-veillances dans nos rages, ſes bienfaits, & ſa philoſtorgie dans nos ingratitudes, ſa liberalité dans noſtre auarice, ſes bontez dans nos malices, ſes clemences dans nos cruautez, ſa patience dās nos obſtinations, & l'abregé de tous ſes biens dans le comble des maux:

Sus donc Meſſieurs, retenez bien cette premiere leçon, tandis qu'il en prepare d'autres, aymez dans les rigueurs, nagez gaillardement parmy les flots, enfantez vos plus belles actions parmy les coups des tonnerres, eſcoutez les

D iiij

foudres sans frayeur, ne craignez point les gresles, & que l'or de voſtre charité ſoit auſſi beau quand il foudroye dans l'air, que quand il y fait beau, ainſi ſecondant les volontez de noſtre Dieu en terre, il ſe diſpoſe à ſeconder les noſtres pour le Ciel.

LA VIE DANS LA MORT,

AV TRES-SAINCT SACREMENT de l'Autel.

SECOND EMBLEME.

Mors & vita in manibus linguæ,
Prouerb. 18.

La mort & la vie, sont és mains de la langue, *Prouerb.* 18.

PVISQVE la langue de l'homme est vne de ses plus delicates parties, il n'y a point d'apparence qu'elle ayt vn pouuoir abſolu, & ſur la vie, & ſur la mort. Ie ſçay bien que le Prophete nous appréd que la langue du meſdiſant eſt remplie de venin, *Venenum aſpidum ſub labiis eorum*: & qu'elle eſt aiguë comme celle d'vn veneneux ſerpent, & partant que ſes aiguillons peuuent cauſer la mort; Toutefois comme ſon pouuoir ne regarde que l'honneur, cette mort ne ſeroit que morale. Il eſt bien vray que les plus ſages eſtiment qu'vne vie ſans honneur, eſt vne rude mort: mais ils parlent auſſi du veritable honneur, que toutes les langues des humains les plus enuenimées ſont incapables de rauir; C'eſt pourquoy il eſt

Euchariſtiques. 59

aſſez difficile à croire, & à perſuader, comme la mort, & la vie ſont és mains de la langue. Neantmoins conſiderant mõ Dieu au tres-ſainct Sacrement de l'Autel, produit par la langue du Preſtre, proferant les paroles de conſecratiõ, il m'eſt aduis que ie deſcouure la verité de ce paſſage, auquel le Sage nous propoſe la vie & la mort au pouuoir de la langue; *Mors & vita in manibus linguæ.* C'eſt le ſecond de nos Emblemes, que le pinceau du Ciel y a depeint miraculeuſement. Mere viuante de la vie, qui eſt morte pour nous faire reuiure, nous implorons voſtre aſſiſtance afin d'en pouuoir découurir tous les traits.

ENTRE toutes les oppositions, si nous croyons à la Philosophie, la priuatiue est des plus grandes, puis qu'elle esgale en quelque sorte celle que nous nommons contradictoire ; De maniere que la cecité repugne autant a vne bonne veüe, que le nom estre est repugnant à l'estre : la raison est que la priuation n'est autre chose en son concept formel qu'vne negation de la forme opposée dans vn suject qui peut la receuoir, & partant la forme & la negation ne pouuans estre en mesme lieu ; de là vient que la priuation est pareillement incompatible auec ses formes

Eucharistiques. 61

oppofées ; Les tenebres ne font iamais auec la lumiere, le peché auec la vertu, l'ignorance auec les fciences, la liberté auec la feruitude. Nous voyons auffi dans la nature, que les priuations fuiuent toufiours, ou precedent les formes, mais iamais elles ne font enfemble, la nuict fuccede à vn beau iour, le iour precede vne fafcheufe nuict, & la generation ne fe faict point que la priuation ne ceffe. C'eft pourquoy il femble indubitable que la vie, & la mort ne peuuent eftre à mefme temps dans vn mefme fujet, la mort eftant vne priuation de vie, vous n'auez iamais veu vn homme mort

& viuant à mesme heure.

Ie sçay bien que les nouuelles Philosophies, ie veux dire celles qui se reculent de leur source, où la doctrine est tousiours plus pure, & plus entiere, ont rêué, & inuenté de nouueaux theoremes, & mettent en auant auec autant de liberté que d'ignorance, qu'vn mesme corps, reproduit toutefois, peut auoir chaud & froid, mourir à Rome, & viure dans Paris au mesme instant de temps, voire estendant leurs Theses ridicules, iusques à l'autre monde, asseurent qu'il peut-estre glorieux dans le Ciel, & malheureux dans les enfers : Mais certes ce sont réueries que les plus sensez ont condamnées dans leur naissance, & mesprisent en leur suitte. Les accidens qui regardent les entités des choses, les qualifient & les affectent en tous lieux.

Ie ne peux par le secret de reproduction, estre sçauant icy, & ignorant ailleurs, & encore moins viure, & mourir à mesme temps. Ce riche & precieux chaisnon d'argent qui lie le corps, & l'ame, ne dépend point des diuers lieux, il ne regarde que le beau composé qu'il faict par ses attaches, & venant à se rompre en vn lieu, il est rompu par tout.

Si la vie, & la mort n'estoit incompatibles par la vertu de

ce reproduisant secret, cette reproduction se pouuant faire par les forces de la seule nature, comme enseignent les mesmes Philosophes, les hômes si curieux de l'immortalité auroient quelquefois trauaillé à son inuention, ils ont bien espuisé leurs esprits à d'autres choses de moindre consequence. Comme donc l'on n'a iamais cogneu vn homme qui ayt recherché la methode de reproduction, c'est vne marque qu'on a tousiours iugé son effect impossible, & que la vie chasse la mort, comme la mort la vie. Cecy pourtant Messieurs, ne m'empeschera point d'en proposer l'Embleme, & declarer que i'en trouue

la

la merueille au tres-sainct Sacrement de l'Autel, *Mors & vita in manibus linguæ*: C'est là que la vie & la mort s'accordent par ensemble, puisque i'y apperçois auec estonnement mon Dieu mort & viuant, voire il me semble qu'il n'a iamais esté plus mort, & plus viuant.

Premierement, il n'a iamais esté plus mort, mesme i'oseray dire qu'il n'a point paru mort si clairement sur l'arbre de la Croix, qu'il paroist au tres-sainct Sacrement. Aprés qu'il eust doucement expiré entre les bras de son funeste bois, il donna encores quelque signe de vie, & fit sortir le sang & l'eau de son costé : mais le con-

siderant en ce myſtere merueilleux, ie n'y peux deſcouurir la moindre marque d'vn
viuant; Car ſi le mouuement,
l'accroiſſement, le ſentiment
ſont les trois ſignes de la vie,
qui ne croira que Ieſus y eſt
mort? & que les eſpeces du
pain & du vin qui le couurent,
luy compoſent vn ſepulchre
de mort pluſtoſt qu'vne demeure de viuant? puiſque nous
n'y reconnoiſſons ny mou-
uement, ny accroiſſement, ny
ſentiment.

Premierement, il n'y a point
de mouuement de ſoy; il eſt
bien meu par accident quand
on meut les eſpeces, & quand
en nos Proceſſions l'on le porte par les places publiques en

pompe, & en magnificence, & quand nous le mangeons à la table de la sacrée Communion, dautant que pour manger, il faut par necessité faire passer l'aliment de la bouche à l'estomach, à quoy est requis vn mouuement local, mais ce mouuemēt est seulemēt accidentel: il ne peut estre meu de soy sans rapport aux especes, veu que rien ne peut estre meu localement de soy qu'en deux manieres, ou bien touchant la chose, ou bien luy imprimant vne certaine qualité, ainsi que l'ayman attire à soy le fer; or le Fils de Dieu ne peut-estre meu au sainct Sacrement de l'Autel, ny de l'vne, ny de l'autre maniere, parce qu'y eſtât indiuiſiblement, nous ne pouuons ny le toucher, ny luy imprimer aucune qualité, Il eſt comme vn corps mort dont la peſanteur deffend le facile mouuement; Mais non ſeulement il ne peut eſtre meu, auſſi n'eſt-ce pas là vn indice de mort, voire il ne peut luy meſme ſe mouuoir: car comme le mouuement local ne ſe fait qu'en mettant vne partie du corps aprés l'autre, & par conſequêt en occupant du lieu, comme l'on voit és animaux qui marchent, Ieſus-Chriſt n'eſtant pas localement eſtendu au Sacrement, mais y eſtant d'vne façon indiuiſible, de là vient qu'il ne peut ſe mouuoir de-

Euchariſtiques.

meurant dans l'ordre de nature: & ſi autrefois l'on a veu des Hoſties ſortir de leurs ciboires, s'eſleuer en l'air, ç'a eſté par miracle, & par la main d'vne toute-puiſſance.

En ſecond lieu, il n'y peut croiſtre, car il n'y peut manger, ny receuoir de l'aliment principe neceſſaire pour donner accroiſſement aux corps. Bien dauantage, là il eſt impuiſſant de ſentiment, & de ſenſation, il ne voit, il n'entend, il ne ſent, il ne gouſte, il ne touche, veu que les ſens eſtans des puiſſances materielles, & organiques, qui ne peuuent agir naturellement, ny receuoir en elles leurs propres actions ſans quelque extenſió locale, & sans receuoir les especes des externes objets, Iesus dans le sainct Sacrement ne peut exercer aucune sensitiue action, y estant indiuisiblement, & impuissant de receuoir par l'entremise des objets des nouuelles especes ; veu qu'il faudroit qu'il les receut d'vne façon indiuisible, ce qui surpasse les portées de nature: de là mesme il sensuit, qu'il n'entend, ny ne veut, puisque naturellement ces deux puissances de nostre ame dépendent des sens & des especes en toutes leurs operations: Il le peut bien par la puissance extraordinaire & absoluë, Dieu pouuant faire que les especes intensionnel-

Eucharistiques.

les soient receuës en son corps d'vne façon indiuisible, ou suppleant au defaut des mesmes especes, mais en ce cas, c'est sortir de l'ordre de nature, si bien que naturellement le Fils de Dieu consideré au tres-sainct Sacrement, n'a ny mouuement, ny accroissement, ny sentiment, partant aucun signe de vie; ainsi nous pouuons dire qu'il y est mort, du moins à la façon d'vn mort.

Puis qu'il est ordonné pour vne marque, & vn memorial de sa mort, & de sa passion, & que la marque doit ressembler à la chose marquée : il falloit que du moins il y fut vne image de mort.

Et puis s'estant donné aux hommes en viande, il estoit à propos qu'il y fut comme mort. Il preuoyoit que la pluspart le logeroient dans leurs poictrines plus sales que les puants sepulchres, c'est pourquoy pour supporter telles indignitez, il s'y fait comme vn mort.

Infame pecheur, s'il y estoit comme viuant, & puissant d'exercer des operations vitales, souffriroit-il tes irreuerences, & tant de sortes d'impietez ? entreroit-il dans ta bouche & dans ton estomach sans te couper la langue, & creuer les entrailles, quand tu le reçois tout sali de crimes & d'ordures ? Il falloit qu'il s'y mit comme vn mort, pour ne point ouyr les discours sales, & impudiques que tu proferes quelquefois le iour mesme, vn quart-d'heure aprés auoir receu ce Dieu de pureté. Il falloit qu'il y fut comme mort, pour ne point voir l'horreur de tes mauuaises habitudes, & les magasins de pechez dans le fond de ton ame. Il falloit qu'il y fut cōme mort, pour ne point gouster le fiel, & l'amertume de ton cœur, pour ne point toucher les mordantes espines, & aspres syndereses de ta conscience gangrenée, & vlcerée de playes, & pour ne point sentir les puanteurs de tes ordures.

Si les semblables engendrent leurs semblables, puis qu'il institua ce diuin Sacrement parmy les affres de la mort, il deuoit ressembler à la mort.

Cognoissez donc par là Messieurs, qu'il y est comme mort, & puis nous sortirons de cette mort, pour entrer dãs la vie, *Mors & vita in manibus linguæ*. Vous auez veu de ces images, qui estans regardées dans vne differente situation, à gauche representent vne mort, & à droite vne beauté viuante : Laissez-moy ces trompeurs artifices, vous auez sur vos Autels plus sainctement, & plus fidellement la mesme gentillesse, vous y venez de voir la mort, approchez vous vn peu plus prés, vous y verrez la vie. *Panis* [Ioan.6] *quem ego dabo, caro mea est pro mundi vita.* Le pain que ie vous donneray est ma chair, pour la vie du monde. Les effets iustifient de la cause, puis qu'il a le pouuoir d'y communiquer toutes sortes de vie, la vie sans doute y est dans toute l'estenduë de son pouuoir, & chargée de toutes ses couronnes.

Ie trouue dans l'Escriture saincte trois sortes de vie, opposée aux trois morts, qui nous attaquent icy bas.

La premiere, est la vie naturelle, qui nous est communiquée en nos conceptions dans les flans de la mere, opposé à la mort, qui sepate le corps d'auec l'ame rompant le lien amoureux qui fait de ses deux compagnons de fortune vn admirable composé.

La seconde est la vie de la grace, qui nous est premierement communiquée dans le Baptesme, & continuée, & accreuë és autres Sacrements, opposée à la mort du peché, qui nous desrobe ce celeste ornement, & esteint ce beau rayon de la Diuinité.

La troisiesme est la vie glorieuse, communiquée aux bien-heureux, qui les faict iouyr de Dieu auec autant de ioye, que d'asseurance, opposée à la mort eternelle, qui nous loge auec les Demons, pour ne iamais sortir de leur insupportable compagnie.

Or qui ne voit que ces trois vies sont trois ruisseaux de cette source, & les trois effets plus legitimes de ce pain delicieux & angelique?

Premierement, il communique à l'homme, du moins il contribue à sa vie naturelle, & nous luy pouuons attribuer tres-iustement ce que les Philosophes attribuét à leur merueilleux Elixir : les plus sages, & éclairés d'entr'eux enseignent à mots couuerts, & par enigmes, la façon de composer vne certaine medecine qui conserue longuement en santé, & prolonge nos iours, qu'ils nomment pierre Philosophale; quoy qu'il en soit ie vois icy quelque chose semblable: nostre adorable Sacrement est cette pierre merueilleuse; *Pe-*

1. Cor. 10. *tra autem erat Christus,* Il a pouuoir de conseruer la vie de l'homme, & luy donner par auance quelque appennage de

Ioan. 6. l'immortalité, *Caro mea est pro mundi vita.* Est-il pas vray Messieurs, que la briefueté de la vie est vne peine du peché?

Psalm. 54. *Viri sanguinum & dolosi non dimidiabunt dies suos* (dit le Prophete.) Les hommes de sang & de malice ne viuront pas la moitié de leurs iours : & ailleurs il en fait à Dieu des amoureux reproches difant, *Perfudifti eum confufione, minorafti dies temporis eius*; Pfal. 88. Seigneur, vous auez coupé les iours & les ans du pecheur, & l'auez baigné de confufion. Le peché eft femblable à cette eau glacée dont parle Sabellic, qui coule d'vne montagne d'Arcadie en forme de rofée, laquelle eft fi mortelle, & veninieufe, qu'elle tuë à l'inftant ceux qui en boiuent, & de plus elle rompt tous les vafes où l'on en penfe conferuer. Ainfi Meffieurs, eft le peché dans le cœur du pecheur, non feulement il empoifonne l'ame, mais de plus il gafte, corrompt, & peruertit le corps qui est comme le vaisseau, où le Ciel la conserue icy bas, & le chasse vistement au Tombeau. Asseurez-vous qu'autant de pechez que vous faites, sont autant de coups de poignards que vous mettez dans vostre sein, pour tuer non seulement vostre ame, mais encore vos corps : & la pluspart des maladies qui vous bourrellēt, & tourmentēt, qui vous mettent cent fois le iour à la torture, sont des effets de son poison : ne pensez pas que le seul peché venerien ayt pour chastiment de ses ordures, sa vilaine & sale maladie, chaque peché a la sienne propre qui se fait bien sentir, si elle n'est le n'est cogneuë : *Ideò multi in-* 1.Cor.11. *firmi* (disoit S. Paul) *& imbe-cilles, & dormiunt multi* : Parce que vous cōmettez beaucoup de crimes, vous ressentez aussi beaucoup de pointes des douloureuses infirmitez, & les langueurs des diuerses foiblesses, qui peu à peu, mais toutefois auant le terme vous font dormir le sommeil de la mort. Ce qu'estāt supposé puisque l'Eucharistie a de sa nature des effets contraires, en tant qu'elle empesche & chasse les pechez, les remettāt, cōme dit S. Thomas, elle sert à la vie naturelle.

Autrefois quand le peuple de Dieu marchoit dans le desert, l'Escriture remarque que tous auoient vne santé parfaite, &

F

parmy cette grande troupe, il n'y auoit pas vn seul malade, *Non erat in tribubus eorum infirmus.* Ce qui est attribué à la manducation de la celeste manne, qui n'est que la figure du tres-sainct Sacrement. Si la figure a eu tant de pouuoir que d'empescher les maladies, & conseruer vne santé vniuerselle parmy vn si grand peuple, que ne doit faire la chose figurée ? il est à croire que l'Eucharistie figurée par la manne a du moins autant de force & de vertu. Nous lisons aussi que plusieurs Saincts vsans de cette viande precieuse, ont demeuré long-temps sans manger autre chose, & recogneu par experience que ce diuin

Pſ. 104.

aliment de nos ames, nourrissoit pareillement les corps: car d'en attribuer l'effet aux especes, il n'y a point d'apparence; Ie sçay bien qu'elles agissent de la mesme maniere, que si la substance y estoit, afin que ce mystere soit incogneu aux sens: mais certes il en faudroit beaucoup pour substanter la vie d'vn homme, & la petite quantité que prenoient ces Saincts dont nous parlons, n'estoit point suffisante pour l'entretien des plus petites vies, si bien qu'il faut attribuer au corps du Fils de Dieu, vne vertu destinée par la haute Prouidence, pour nourrir les corps aussi bien que les ames. Et si nous ne ressentons pas aujourd'huy l'effet salutaire de cette vertu, c'est que la condition necessaire nous manque, & comme l'aliment ne nous profite pas, si la nature n'est deüement disposée: ainsi ce pain des Anges ne nous sustante pas sans disposition, mais si nous sommes assez sages pour l'introduire dans nos cœurs, & nous disposer par vne vie honneste & vertueuse, i'oseray dire que nous n'aurions besoin d'aucun autre aliment pour conseruer la santé mesme de nos corps.

L'arbre de vie auoit esté planté au Paradis Terrestre, pour reparer l'humide radical, & les forces que la nature pouuoit perdre, & l'homme en l'eſtat d'innocence n'euſt eu beſoin d'autre aliment pour conſeruer ſa vie. Vous ſçauez que l'eſtat de la grace, qui ſuccede à celuy d'innocence, pour en reſtablir le bon-heur, & la gloire, a eſté du moins autant conſideré de Dieu que ce premier eſtat, & partant que l'arbre de vie qu'il y a mis, qui eſt noſtre adorable Sacrement, peut auſſi bien que le premier ſouſtenir, & conſeruer la vie du corps, *Pa-* *nis quem ego dabo caro mea eſt pro mundi vita.* Le pain que ie vous donneray eſt pour la vie du monde.

Ioan. 6.

Secondement, il contribue à la vie de la grace, voire il en eſt comme la nourice, & la source; il en est le principe, puis qu'il côtient celuy qui est la source de tous les biens, & par lequel la grace nous est donnée & meritée; il en est la nourrice, puisque c'est-là que nos ames reçoiuent leur nourriture, *Caro mea verè est cibus.* Et puis, comme dit S. Augustin, verse-il pas en cette table vn laict delicieux ? *Oportuit vt ista mensa lactesceret.* Nos ames demandent des alimens pour se nourrir aussi bien que nos corps, mais il n'en falloit qu'vne sorte pour elles, encore que pour nos corps Dieu en ayt creé vne abondance en terre, en l'air, & en la mer ; sçauoir les fruits, les herbes, les poissons, les quadrupedes & les oyseaux, dautant que l'ame estát plus parfaite que le corps, il luy falloit vn plus parfait, & meilleur aliment. Or la nature multiplie les choses imparfaites, afin que plusieurs fassent ensemblemét ce qu'en particulier elles ne peuuent faire, au contraire elle a voulu que les plus nobles & parfaites fussent dans l'vnité, & singularité: elle n'a donné au monde qu'vn Soleil, qui produit des brillantes lumieres, & des rayós grandemét esclatás, pour les autres estoilles, elle les a multiplié, veu que leur lumiere est mediocre & imparfaite; ainsi il ne falloit que le S. Sacrement pour nourriture de nos ames, puis qu'il contient

F iiij

eminemment toutes les autres, que s'il est seul le vray aliment de nos ames, c'est luy seul sans doute qui leur conserue, & leur donne la vie : & comme leur vie est vne vie de grace, (la grace estant à l'ame, ce que l'ame est au corps) nostre adorable Sacrement est le principe, & la nouriture de la vie de la grace, *Panis quem ego dabo caro mea est pro mundi vita.* Pareillement, c'est par iceluy comme par vn moyen tres-efficace que l'homme merite vne vie glorieuse, & immortelle dans les cieux, dont la grace est l'vnique semence. *Qui manducat hunc panem viuet in æternum*; Voire si nous croyons

Joan. 6.

Joan. 6.

Eucharistiques. 89

à l'Euangile, il est necessaire pour le merite de la Beatitude, *Nisi manducaueritis carnem filij hominis non habebitis vitam in vobis.* Ioan.6. C'est la clef de Dauid qui nous doit ouurir les portes du Ciel, c'est par son entremise que l'homme se dispose à cette vie parfaicte, veu que Iesus habitant par son moyen en l'homme, le fait presentement vn Sainct, affin qu'il en fasse vn iour vn bien-heureux au Ciel, aujoud'huy il luy communique sa bonté, pour luy donner après de la clarté, à present il luy donne l'esprit d'adoption pour luy donner en suitte la iouyssance de sa possession. *Qui manducat hunc pa-* Ioan.6.

nem, viuet in æternum.

Encores que les Planettes enuoyent icy bas leurs influéces & lumieres, si le Soleil ne nous departoit ses amoureux rayons, la nature en peu de temps se trouueroit dans le tombeau; de mesme bien que tous les autres Sacremens nous communiquent leurs vertus, nous auons tousiours sujet de craindre, si leur Soleil qui est Iesus au tres-sainct Sacrement de l'Autel, ne luit & n'esclaire nos ames. *Nisi* Ioan.6. *manducaueritis carnem filij hominis, non habebitis vitam in vobis.* Si vous ne mangez la chair du Fils de l'homme, vous n'aurez par la vie en vous.

Que si Messieurs, Dieu communique à l'homme dans le sainct Sacrement toutes les vies desquelles l'on peut viure, iamais il n'a esté, ny paru plus viuant. En la Creation il s'est monstré viuant, donnant à l'homme vne vie naturelle, *inspirauit in faciem eius spiraculum vitæ*. Au mystere de la Redemption il s'est monstré viuant, luy rendant cette vie innocente que le peché luy auoit desrobé: & dans le Ciel par la glorification, il se montre viuant, resiouyssant les Bien-heureux de sa veüe glorieuse, & par icelle de toutes ses viuantes merueilles, les faisant viure sans mourir dans le beau iour d'vne agreable eternité: au S.

Gen. 2.

Sacrement, il paroit viuant és trois façons: il y paroit viuant comme Createur, nous y donnant, & conseruant nostre vie naturelle, viuant comme Redempteur, nous y communiquant la vie amoureuse de la grace, viuant comme glorificateur, nous conduisant par son vsage à la Beatitude.

Il est donc vray Messieurs, que *Mors & vita in manibus linguæ*: C'est là que la vie & la mort s'accordent sans combat, c'est aux mains de la langue du Prestre, quand il profere les diuines paroles qui font trouuer le fils de Dieu sur nos Autels, qu'est la mort, & la vie.

Cela estant ainsi, ie ne m'estonne plus, si les vns y trouuent la vie, & les autres la mort, l'vne, & l'autre y estant, elle se peuuēt prendre, ou par les vns, ou par les autres, *Mors est malis, vita bonis* (dit sainct Thomas.) Ce rencontre ne se fait pas pourtāt par sort, comme lors que l'on tire à la blanque, mais selon les qualités & dispositions de ceux qui le reçoiuent. L'on dit que la nature a imprimé dans ses sujets certaine sympathie, & antipathie qui leur fait fuir leurs contraires, & embrasser, & suiure leurs semblables, iusques là mesme que les approchant, la sympathie les fait vnir, au contraire l'antipathie les fait mourir.

Ainsi plusieurs des Philosophes nous asseurent que par la loy de sympathie, l'ayman sçait attirer le fer, & par celle d'antipathie, le lierre terrestre fait secher les plantes qui luy sont voisines, suiuant cette doctrine le viuant aymera le viuant, & le mort embrassera le mort, le viuant embrassera la vie, & le mort s'vnira à la mort, *Mors est malis, vita bonis,* Messieurs, si vous y trouuez souuentefois la mort, c'est que vous estes morts, le peché vous a tué, vous ne faites plus d'actions de charité, de grace & de vertu, vous ne produisez plus des actions vitales, vos œuures, vos pensées, vos desirs, vos paroles sont

Euchariſtiques. 95
enuieuſes, hautaines, picquantes, venimeuſes, ſont-ce pas des actions de mort ? vous eſtes morts, ne vous y trompez pas, c'eſt pourquoy vous y trouués la mort; ſi vous voulez y puiſer & rencontrer la vie, ſoyez viuants, & non plus morts, vous eſtes viuans quãd vous ſentez les mouuements du Ciel vous porter dans le chemin de la vertu, quãd vous croiſſez en grace, quand vous auancés à la perfection, quand vous eſtes prompts à ſecourir voſtre prochain de vos aumoſnes vous eſtes viuans ; quand vous eſtes ſenſibles aux pointes, aux preſſes, aux inſpirations de Dieu : le cheual eſt viuant qui ſent les coups

de l'esperon, obeit à la bride, marche, & auance quand il faut, ainsi quand vous sentez incontinent les aiguillons de Dieu, les desirs du bien, les dégousts du peché, l'amour de la vertu, les attraits de la grace, ô vous estes viuans ! Comme au contraire vous estes morts, quand nonobstant les synderefes, les atteintes & les pointes mordátes d'vne mauuaise conscience, les secousses du Ciel, ses foudres & tonnerres, mille inspirations, mille illustrations d'entendement, autant de mouuemens de volonté, vous tenez fermé dans le vice, vous ne branlez pas plus qu'vn roc à tous ces amourex assauts. Vous estes
viuans

viuans, quand vos actions sont
de bonne odeur deuant les hõ-
mes & deuant Dieu, & que le
Ciel en reçoit des honneurs,
& les hommes des exemples.

Au côtraire vous estes morts,
quand vos actions puent, scan-
dalisent le monde, & choleret
les Anges : c'est pourquoy si
vous voulez que ce pain Angelique vous serue de vie, & non
de mort, soyez entiers, & non
pourris, soyez sensibles aux aiguillons du Ciel, & non point
insésibles, faites des bônes œuures, & nõ du scandale, *Fac hoc,*
& viues, faites cela, & vous vi-
urés, car la vie du Chrestiẽ, ainsi
que dit l'Apostre, est cachée en
Iesus, *Et hæc vita vestra abscon-*
dita est in Christo, & estans vi-

G

uans vous receurez dans l'Eucharistie les effets de la vie, vn corps mort ne profite pas de la nourriture, ny vn homme mort par le peché de ce mets delicieux des Anges, il ne fait qu'accroistre sa corruption, comme la viande que vous mettez dans la bouche d'vn mort, le rend & plus infect, & plus puant.

Viuez donc Messieurs, pour profiter du pain de vie, & pour en receuoir presentement les doux effets en terre, & au Ciel quelque iour d'autres encores plus glorieux.

LES GRANDEVRS DE DIEV DANS SES ABAISSEMENS, AV TRES-SAINCT SACREMENT de l'Autel.

EMBLEME TROISIESME.

Panem nostrum comedemus, & vestimentis nostris operiemur, & erit in die illa germen Domini in magnificentia, Isaiæ 4.

Nous mangerons nostre pain, nous nous couurirons de nos vestemens, & en ce iour-là le germe du Seigneur sera en magnificence.

PVISQV'AV rapport du grand sainct Augustin, le tres-sainct Sacrement de l'Autel est nostre pain quotidien & substantiel que nous demandons dans l'oraison Dominicale, il est certain que nous sommes au temps auquel la Prophetie accomplie; Est-ce pas en nos glorieux iours que nous mangeons ce pain celeste? & puis qu'au sentiment de tous les Peres, il sert d'ornement à vne ame, ainsi que d'aliment: c'est encores en nos iours que nous sommes parez & reuestus de nos beaux vestemens. Or si au mesme iour que nous mangeons nostre pain, & que nous nous ornons & reuestons de nos habillemens, le germe du Seigneur se voit dans la magnificençe, comme dit le

Prophete, c'est sans doute au mystere ineffable de l'Eucharistie que nous descouurirons cette riche merueille, & en effet il est le germe du Seigneur, *Vinum germinans virgines.* Le germe est la plus noble partie de la semence, voire c'est en iceluy que reside la vertu seminale ; Dieu incarné est vn fruict de benedictiō ; au sainct Sacrement il est le germe de soy-mesme, c'est en iceluy qu'il accomplit l'vn des plus nobles & releuez mysteres, & que loge sa vertu principale, pour engendrer au Ciel les ames bien-heureuses : estant le germe, afin qu'il puisse germer, il faut l'enseuelir en terre, s'il est enseuely, est-il pas grandement abaissé? & toutefois le Prophete nous asseure, qu'il est en tant que germe dans la magnificence, *Erit germen Domini in magnificentia.* C'est cela mesme qui me fait descouurir vn troisiesme Embleme dans l'Eucharistie, à sçauoir la grandeur dans les abaissemens. Pour en parler hautement abaissons nous aux pieds de celle, qui ayant esté la plus esleuée, & la plus abaissée entre les pures creatures, nous en peut impetrer le secours, & fournir les lumieres.

IL est certain que l'art & la nature se sont de tout temps efforcez à nous persuader, comme nous pouuõs voir en leurs propres ouurages, que les abaissemens sont les causes legitimes des esleuations.

Ie vois dans la nature que les celestes influences descendent mille fois chaque iour auec les rayons du Soleil sur ce bas elemét, voire se plóget & s'abysmét iusques dans ses entrailles : mais ie remarque aussi que peu de temps aprés, elles sortent de ce commun sepulchre, s'esleuent & se produisent en mille & mille diuerses creatures, en fleurs dans nos parterres, en fruicts dans nos vergers, en bleds dans nos campagnes, en vin dans nos collines, & en bois dans nos deserts & solitudes,

Ces celestes vertus descendent & se cachent, pour monter & se faire paroistre plus glorieusement: au contraire les vapeurs qui môtent de la terre, & s'esleuent en l'air, ne tardent pas à redescêdre, or en pluye, or en gresle, en foudres ou en carreaux espouuentables. Les arbres qui iettent les plus fortes & profondes racines, croissêt plus que les autres. Les vers à soye qui cachent icy bas leurs ouurages, les voyent aprés esleuez sur les manteaux des Princes & des Roys; voire ie connois que les ouurages de nature plus estimez parmy les hommes, logent és lieux plus raualez: cette commune mere semble les abaisser,

Euchariſtiques. 105

pour en hauſſer le prix. L'or le plus riche entre tous les metaux, eſt preſque aux fauxbourgs des enfers, & les brillantes pierreries ſont enſeuelies parmi le ſable & la pouſſiere. Pareillement elle a attaché l'homme ſur la terre le plus bas entre les elemens, par ce que eſtant creée pour Dieu, & pour le Ciel, elle deuoit en l'abaiſſant le diſpoſer à vn ſi haut eſtage. Les plus profõdes ſources font les ruiſſeaux plus eſleuez, & l'art vray ſinge de nature voulant eſleuer beaucoup vn petit edifice, iette-il pas de profõds fondemés? & les plus hautes tours ſont les plus baſſes dãs la terre: pour eſleuer hautemét le balõ, il enseigne à le ietter fortement contre bas.

Neantmoins Messieurs, non-obstant toutes ces belles leçõs de l'art & de la nature que l'homme deuoit comprendre, & en connoistre la verité sans peine, la morale n'a pas encores esté assez eloquente pour luy persuader.

Les anciens Payens qui faisoient professiõ d'estudier aux mœurs, & en regler les actiõs, n'ont iamais connu que les abaissemens estoient les vrays principes de la gloire, & ç'a esté tousiours la plus difficile des leçons de morale. Les exemples mesmes, qui sont de tres-puissans docteurs pour faire comprendre les veritez plus esloignées, ont de tout téps esté trop foibles; voire le Fils de mon Dieu, dont les paroles sont des oracles, & plus qu'vn cousteau affilé percent iusques dans l'ame, n'a point esté si peu suiuy que quand il a presché l'humilité aux hommes, & enseigné qu'elle estoit l'échelon des grádeurs. Voyós nous pas encores dans le siecle où nous sommes, que les abaissemens nonobstant les escritures, & les exemples, sont les horreurs de nos pensées, & les objets de nos haynes & indignations?

Sans doute, Dieu voyant si peu de disposition dans nos esprits à receuoir cette lumiere, tousiours soigneux de nostre biē a voulu nous laiſſer vn tableau où elle eſt ſi bien repreſentée, qu'vn ſeul regard ſuffit pour la connoiſtre. Ce tableau eſt le ſainct Sacremēt, i'eſtime qu'il ne peut eſtre veu ſans nous forcer & à croire & à dire, que les grandeurs ſe trouuent dans les abaiſſemēs, puiſque iamais mon Dieu n'a eſté plus abaiſsé, & plus glorieux qu'en ce diuin myſtere.

Ie ſçay bien que ce Dieu de grandeur, dont la ſageſſe eſt en tout temps eſgalle, a touſiours voulu tirer ſa gloire des plus grandes humiliations, & que l'humilité preceda comme vne auant-couriere les hōneurs qu'il deuoit receuoir.

Nous voyons qu'il fut adoré par les Mages, & receut de leurs royales mains des presens magnifiques, mais nous sçauons aussi que quelques iours auparauant il auoit porté la marque de pecheur, & s'estoit en sa Circoncision plongé dans l'infamie & le mespris. S'il a reçeu de l'or, il a auprealable passé par le feu : si de l'encens & de la myrrhe, ç'a esté aprés auoir senti la puanteur des animaux dans vne estable : s'il a trouué de l'admiration & de la gloire au milieu des Docteurs, ç'a esté aprés auoir paru douze ans entiers vn obiet de bassesse dans la boutique d'vn pauure Charpentier ;

s'il s'est monstré lumineux en se transfigurant, c'est aprés auoir esté caché toute sa vie dans le silence: s'il a esté reconnu Roy par les petits Hebreux, il auoit esté aupara-uãt appellé hypocrite, yurongne & seducteur des peuples: si en resuscitant il s'est fait voir victorieux, trois iours aupara-uãt la mort l'auoit vaincu: s'il a outrepassé les Cieux chargé de gloire & de triomphe, il a esté trois iours dãs le sepulchre: s'il est à la dextre du Pere, il a esté auprés des deux larrons: s'il est au plus haut de l'Empyrée, il a esté au plus bas de la terre iusques dans les enfers: en vn mot iamais il n'a monté dans les Trosnes de grandeurs, qu'il n'ayt esté auparauant dans les abaissemēs, voire ç'a esté dans les bassesses qu'il a tousiours moissonné & cueilli les honneurs? Fut-ce pas dans l'estable qu'il récontra de vrays adorateurs & receut les hommages d'vn Dieu? Fut-ce pas au jardin des Oliues dans les approches de la mort, que les Anges le vindrēt visiter? Fut-ce pas sur l'infame poteau de la croix qu'on le nomma le Fils de Dieu? *Verè Filius Dei erat iste*, & que Pilate en donna la confirmation, l'escriuant au sommet de cet arbre, en trois differens characteres? C'a esté parmy les cloux, le sang, & les espines, qu'il a merité & acquis de tous le tiltre le plus

Math. 27.

noble, à sçauoir celuy de Redempteur: bien plus, il semble qu'il n'a iamais monté qu'à mesure qu'il s'est humilié, & que les abaissemens ont esté les vrayes mesures de ses gloires, comme l'eau qui ne peut monter plus haut que sa descente est basse; c'est ainsi que le dit le Prophete, *Sicut tenebræ eius, ita & lumen eius*, telles qu'ont esté les tenebres de ses humiliations, telles ont esté tousiours les lumieres de ses grandeurs; telle que la cruauté des espines sur sa teste, tel le diademe de sa gloire; telle que la pesanteur de sa croix, telle est l'agilité de son corps spiritualisé; telle que l'horreur de sa chair ensanglantée & meurtrie,

Eucharistiques. 113

trie, telle la splendeur de son vestement d'immortalité; telle que l'amertume du fiel & du vinaigre, telle aussi la douceur de ses delices : bref il a tousiours mesuré ses grandeurs par les abaissemens, & ne les a iamais puisé dans vn autre thresor.

Neantmoins, Messieurs, tout bien consideré, c'est au S. Sacrement que cette estonnante merueille paroist beaucoup plus clairement, & que iamais mon Dieu ne s'est plus abaissé, ny montré plus glorieux & admirable.

Pour le premier, c'est là sans doute que se verifient les paroles de l'escriture saincte, *Verbum factum est nihil, exina-*

Philip. 2.

niuit semetipsum, c'est là que Dieu s'est racourci dessus la terre, & deposé toute sa gloire, *Verbum abbreuiatum fecit Dominus super terram.* Si Dieu dit autrefois en la creation, faisons l'homme (qui n'est à proprement parler qu'vn rien comparé à vn Dieu) à nostre image & ressemblance, nous pouuons dire qu'il a icy renuersé ces termes, & fait Dieu à la semblance d'vn neant : si Dieu voyant le pauure Adam descheu de son estat d'innocéce, destitué & despoüillé honteusement de ses beaux ornemens de grace & de nature, de toutes les perfections, grandeurs & excelléces desquelles, il l'auoit reuestu, luy dit ces mysterieuses paroles *Adam vbi* Gen. 3. *es*? Adam, où es-tu maintenāt? où sont ces lumieres, ces belles connoissances & tant d'autres glorieuses qualitez que ie t'auois donné auec l'estre? ie ne vois plus aucune de toutes ces merueilles, elles sōt eclypsées à l'arriuée de la nuict de ton peché : Il me semble que nous pouuons dire le mesme auec autant de verité, considerant le second Adam, le fils de Dieu viuant caché sous le voile des especes sacramentales; où estes vous Seigneur? où estes vous ô Diuinité? où estes vous ô grandeur & immensité qui réplissez le ciel & la terre? où est vostre throsne royal? où vostre splendeur & esclatante

H ij

gloire? voi-je pas eclipser toutes ses grandeurs derriere la nuë de deux petits & fresles accidens? vous estes sur nos Autels ce Soleil que vit Ezechiel couuert & reuestu d'vn cilice sans lustre & sans esclat, pres- *Philip.* que reduit dans le neant, *Exi-* 2. *naniuit semetipsum.* Vous estes ce Royaume des Cieux, petit comme vn grain de moustarde; ouy Messieurs, c'est là qu'il s'est aneanti, & qu'il a deposé tous ses esclats, ses sceptres & couronnes: & si vous auez creu iusques à presẽt, que cette Prophetie auoit esté accomplie en l'Incarnation, redressez vos pensées, & apprenez que c'est plustost dans le S. Sacrement, puis qu'il comprend tous les abaissemens de l'Incarnation, & encore de plus grands.

En l'Incarnation il a abaissé sa majesté supreme iusques à l'vnion de la nature humaine, mais en l'Eucharistie, il l'abaisse iusques à l'vnion, non seulement de la nature humaine, mais de plusieurs de ses indiuidus. En l'Incarnation, le Verbe increé obeyssant au Pere s'est trouué dans les chastes entrailles de Marie, mais au S. Sacrement obeyssant à la voix d'vn homme il se trouue entre des mains biē éloignées de la noblesse & pureté des flancs ou treillis virginaux de sa mere. En l'incarnatiō il s'est fait homme pour seruir de pasture à la mort, mais au S. Sacrement il se donne mille fois en viande à des ames mortes par le peché, *Anima quæ peccauerit, ipsa morietur.*

Ezech. 18.

En l'Incarnation, il s'est rendu sujet aux malheurs, & miseres qui escortent iusqu'au tombeau nostre nature, mais au sainct Sacrement, il s'est assujetti aux calomnies des hommes ; il s'est exposé à la risée des libertins, aux ioüets des heretiques, aux affronts des impies, aux iniures & indignitez des sacrileges, qui le boiuent, & le mangent couuers de saleté, aux mespris de mille Demons incarnez, qui le traittent plus cruellemét que les plus rudes accidens ne font nostre nature.

Eucharistiques.

En l'Incarnation, il a enclos par vne estrange humilité, toute la plenitude de la Diuinité dans vn petit corps mortel, comme parle sainct Paul, mais c'estoit tousiours le corps d'vn homme, qui est vn estre raisonnable, capable de vertu, de gloire & de beatitude, & qui parmy ses malheurs possede de tres-grands auantages de grace, & de nature, & puis ce corps estoit vne substance, & des plus nobles d'icy bas. Mais au S. Sacrement il a veu fermé la mesme plenitude de son humanité, & de sa Diuinité sous deux fresles especes du pain & du vin, qui ne sont ny substances, ny n'ont pas vne qualité aucunement considerable.

Et puis le corps que Dieu a pris en l'Incarnation, a esté formé du plus pur sang de la plus noble entre les creatures, par la main & operation d'vne toute-puissance ; & dans l'Eucharistie de deux substances qui sont les termes *a quo* de cét ouurage merueilleux, & qui n'approchent pas de l'excellence du pur sang virginal. Dauantage en l'Incarnation il s'est faict vn enfant, *Puer datus est nobis*, mais en l'Eucharistie, plus petit qu'vn enfant, & puis dans son enfance de l'Incarnation il auoit la prudence des hommes, & toute la sagesse de Dieu, il voyoit, il oyoit, il parloit, il raisonnoit, vouloit & entendoit : mais au sainct Sacrement il est muet encore qu'il ayt la mesme bouche qu'il a dans le Ciel, il n'y voit rien du tout, il ne s'y peut mouuoir; il est sans vouloir, sans entendre, voire sans vsage de raison, en quoy il paroit qu'il s'est fait moindre qu'vn enfant, car les enfans peuuent dire quelque mot, proferer, & ouyr quelque voix, produire plusieurs actions naturelles. L'enfant dans la Creche est emmailloté dans des drapelets, en sorte qu'il n'en peut sortir tandis que les drapelets sont entiers, si l'on ne l'en oste, il fait pourtant, ou il peut faire quelque petit effort, mais dans l'Euchariftie le Dieu du Ciel fait chair, eft enueloppé dans les accidens du pain & du vin, comme dans des maillots, & y eft de telle forte affujetty, qu'il eft impoffible fuiuant le cours naturel, que le facré corps defifte d'eftre là, tant que leurs efpeces font en leur entier, comme il eft impoffible que l'ame forte du corps humain, tant que les difpofitions requifes pour la retenir s'y retrouuent: & tout de mefme, que fi vous laiffiez l'enfant dans fes drapelets, iufques à ce qu'ils feroient pourris, eftans pourris l'enfant ne feroit plus dedans; ainfi à fa façon ce facré corps de noftre Dieu (l'efpece venant à se corrompre à estre digeré, ou bruslé,) desiste d'y estre par vne mutation priuatiue, mais substantielle, non toutefois par aneantissement : dautant qu'il perd l'existence substantielle au Sacrement, tellement qu'il periroit du tout, s'il n'estoit en autre lieu que là. Dieu ayant ordonné cette regle commune, qu'à l'instant que les especes desisteront d'auoir les proprietez sans lesquelles la substance ne pourroit estre, & lesquelles estans ostées, la substance du pain periroit, si elle y estoit, le corps de Dieu cesse d'y estre & non autrement : si bien qu'il est comme lié, à ces deux accidens, comme vn enfant dans ses maillots, & encore plus, puisque le Fils de Dieu y est impuissant de faire aucun effort ou mouuement pour s'en tirer, comme peut vn enfant. Les enfans sont souples & obeyssans, se laissent porter & manier sans resistance. Dieu au sainct Sacrement est encore plus souple & plus facile. Tu es à l'Hospital, Dieu y veut estre porté pour te soulager; tu es couuert de lepre, de peste, de maladies qui font horreur, Dieu est content de t'aller voir, il se laisse porter pour te baiser, caresser, consoler, lors que les hommes ne t'osent approcher, ne pouuans souffrir tes haleines puantes, il va où le Prestre veut, quand il veut, & comme il veut: l'on s'estonne de ce que le Soleil s'arresta autrefois & obeyt au commandement de Iosué, & l'on ne s'estonne pas de ce qu'à la voix du Prestre, à toute heure, à tout moment, par tout le monde, il se trouue à poinct nommé sur l'Autel. De plus la Mere prend son enfant entre ses bras, le touche, le manie, le baise & le caresse, & le Prestre tient Dieu entre ses mains, le touche, le baise, l'adore & le mange: la Mere met son enfant dans le berceau enueloppé de draps, & le Prestre met icy mon Dieu dessus l'Autel enueloppé de Corporaux, & partant, il est icy comme vn enfant, & moindre qu'vn enfant, par consequent plus abaissé qu'en l'Incarnation.

En fin Messieurs, pour ne rien obmettre, en l'Incarnation, il s'est fait enfant dans vne estable, dans vne Creche, entre deux animaux, entre vn bœuf & vn asne, qui est sans doute vn abaissement prodigieux d'vn Dieu. Mais certes, au sainct Sacrement ie ne vois rien de moins considerable, voire ie connois qu'il s'y abaisse de la mesme maniere, & encore plus estrange: quand il entre, sortant d'estre conceu entre les mains du Prestre, dás des bouches punaises, dans des estomachs pourris, dans des corps infectez des plus vilaines & sales maladies, ne se loge-il pas, dans des plus sales lieux que les puantes estables? Et si au sentiment de tous les Peres, vne ame dans le peché mortel, est plus hideuse qu'vn Demon, noire comme vn charbon, puante comme le soulphre, entrant mille fois dans des ames infectées de ce mortel poison, il se loge bien plus humblement que dans l'estable.

Quand il entre dans d'autres ames lentes, stupides, sans ferueur, sans amour, & sans deuotion, il est plus mal qu'auec des bœufs & grossiers animaux.

Quand il est mangé de ceux qui vont à cette table

sans sçauoir ce qu'ils font, il est auec des asnes.

Quand il est pris par ces sensuels, charnels, voluptueux, addonnez au contentement de cette vie, il est comme dans vne Creche couché dessus le foin, puisque, *Omnis caro fœnum*: puisque la chair, & ce qui agrée à la chair n'est que du foin; de sorte que tout estant pesé auec vne iuste balance de raison, l'on iugera que l'abaissement de mon Dieu au S. Sacrement est infiny, & plus grand que celuy de l'Incarnation, qui a estonné, extasié, pasmé tous les Prophetes.

Mais puisque la hayne des hommes n'a point empesché son

Esaïe 40.

son amour, ny la mort sa vie: ses abaissemens aussi n'ont pas empesché sa gloire, & ses grandeurs: pluſtoſt continuant ses merueilles adorables, c'eſt-là que ie descoure en luy plus de grandeur & de gloire.

Il n'appartient qu'à vne main adroitte de conjoindre les extremes esloignez, qu'à vn grand ouurier d'enfermer les choses grandes dans celles qui sont moindres: nous voyons qu'vn peintre se fait admirer dans vn racourcissement, vn maiſtre architecte eſtale toute son induſtrie à former sa figure dans vne petite matiere: c'eſt pour cela que le grand Archimede s'yeſt rendu recommendable à la posterité, en ce qu'il fit vn nauire auec les mats, voiles, gouuernail, arbre, l'entenne, chables, enfleicheures, aubans, & autres menus cordages, anchres, auirõs, & autres équipages que l'aisle d'vne mouche couuroit.

C'est pour cela que ce grand Astrologue a trouué par tout de l'admiration, en ce qu'il renferma tout le Ciel, auec tous ses astres, dimensions & mouuemens, dans vne petite sphere de verre.

C'est pour cela, que l'autheur de nature est estimé de tous communément plus merueilleux en la creation de l'homme, qu'en celle du grand monde, ayant enclos les perfections & excellences du grand, dans vn petit sujet.

C'est pour cela, que S. Augustin s'estonnoit de voir l'Ange desguisé en enfant, vouloir mettre tout l'eau de l'Ocean dans vne coquille.

C'est pour cela, que le plus grand de tous les Naturalistes s'esmerueille beaucoup plus de la structure du fourmy, ou petit moucheron, d'vn tendre vermisseau, d'vn foible papillon, que de celle d'vn lyon, taureau, ou elephant, parce qu'en ces animaux d'vne grandeur prodigieuse, la nature trouue assez de matiere pour mettre là dedans les fonctions qui sont requises : mais d'en trouuer assez dans le moucheron, fourmy, vermisseau, papillon, pour y faire iouer les ressors necessaires à la vie, c'est l'industrie & la merueille de nature. Et tant plus que la chose est grande en soy, & celle où l'on la veut enclore est moindre, d'autant plus est grande la merueille, & tesmoigne plus clairement la grandeur de l'ouurier.

C'est pourquoy, Messieurs, iamais la grandeur de mon Dieu ne pouuoit mieux paroistre qu'au tres-sainct Sacrement, puisque c'est-là qu'il a enclos le tout dans le neant, il a logé celuy que les cieux ne peuuent comprendre, qui est plus haut que le Ciel, plus profond que l'enfer, qui n'a point de mesure dans son immensité, dans des petits accidens legers, comme la plume, puisque c'est-là qu'il loge l'Iliade de la Diuinité immense, & de l'immensité diuine sous la coquille d'vne vile substance, puisque c'est-là qu'il couure le grand nauire de l'infinité, sous l'aisle d'vne mouche, puisque c'est-là qu'il enferme le Ciel, auec tous ses thresors, planettes, & estoilles, dans vne espece spherique, plus fresle que le verre, puisque c'est-là qu'il racourcit tout le grand Vniuers dans vne petite mappemonde, puisque c'est-là qu'il couure le Soleil d'vn cilice, puisque c'est-là qu'il fait le lyon de Iuda,

I iij

ainsi qu'vne fourmy.

Il n'appartient qu'aux grandeurs infinies de tirer des contraires, les contraires effets, de commander au feu de rafraischir, & à l'eau d'eschauffer ; il faut vne grande lumiere, pour esclatter dans vne nuë, & ne point perdre de beauté parmy ses objets ennemis : la mesme necessité se voit dans le moral ainsi qu'au naturel, il n'appartient qu'aux grands de puiser de l'honneur dans le mespris, & tirer les hommages dans l'habit d'vn rustique, aussi bien que reuestus de pourpre: les Roys sont aussi bien suiuis estans mal habillez, que quand ils sont chargez d'or & de soye, ornez de pierreries: la grandeur ne se peut mieux manifester qu'en trouuant du respect, où le mespris paroit plus fort.

Cela estant, nous pouuons iustement admirer la grandeur de mon Dieu dans le S. Sacrement, puisque nonobstant les sujets de mespris qu'il y donne, ne s'estant iamais plus abaissé, comme vous auez veu, il n'a iamais trouué tant d'honneur, de respect & d'adoration. Ce fut vne euidente marque de sa grandeur, quand parmy la foiblesse de sa gendarmerie au jardin des Oliues, d'vne seule parole il abbatit la compagnie du traistre, *Abierunt retrorsum*, monstrant sa puissance lors qu'il estoit plus foible.

Grand tesmoignage de grandeur, quand sur vne asnesse, monture mesprisable, il arracha des bouches mesmes des enfans, les acclamations, & de leurs cœurs les hommages d'vn Dieu.

Grand tesmoignage de grandeur, quand estant sur la Croix nouuellement passé, il força mesme ses ennemis à confesser qu'il estoit Dieu, *Veré Filius Dei erat iste*.

Grand tesmoignage de grandeur, quand en habit de pelerin & iardinier, il se fit connoistre pour vn Seigneur & Roy de gloire. Il me semble pourtant que le S. Sacrement marque mieux sa grâdeur, puis

qu'estant vn abregé de ses a-
baissemens, & le plus grand
de tous, il tire en vn iour plus
de confessions, plus d'honneurs, plus de respects, plus
d'hommages, plus d'adora-
tions, qu'il n'a fait toute sa
vie, par tout où il a esté: Au
jardin des Oliues il abbatit
seulemét le regimét d'vn trai-
stre *abierunt retrorsum*, à bas, à *Ioan.18.*
bas, connoissez vostre Dieu;
mais icy il fait mettre tout le
monde à genoux, les plus impies se prosternent quand le
Prestre le monstre, les Roys
descendent de cheual à sa rencontre par les ruës.

Dans Ierusalem il n'y a eu
que les enfans qui le procla-
merent Roy, mais icy tout

le monde crie dans nos Eglises qu'il est le Roy du Ciel & de la terre.

Dans son triomphe l'on porta les Palmes & les Oliues, l'on estendit les vestemens pour orner son passage ; mais icy l'Eglise se reuest de ses plus precieux & riches ornemens pour luy faire honneur en nos Processions : l'on tapisse les ruës des plus belles parures, l'on parseme les paués de roses & d'œillets, l'on brusle les encés, l'on dresse des Autels, & chacun à qui mieux mieux s'efforce de luy faire à sa porte vn petit paradis.

Sur la Croix quelques-vns dirent qu'il estoit le fils de Dieu, & il l'estoit : mais icy nous difons qu'il l'eft, nous ne difons pas il l'eftoit, ce paffé imparfait femble dire qu'il ne l'eft plus, mais nous difons qu'il l'eft, & le fera toufiours. En fin, fi en forme de jardinier & pelerin il s'eft fait voir vn Dieu, il fait la mefme chofe dás vne forme beaucoup plus vile & plus abiecte, en forme de viáde, qui de fa nature n'eft ordonnée que pour eftre corrompuë dans l'eftomach de l'animal : de forte que tout confideré par la iufte raifon, il n'a iamais efté plus glorieux & honoré des hommes ; & partant nous voyons les grandeurs de Dieu defpeintes au naturel, dans fes abaiffemens, & tant plus qu'il s'eft caché dans le mespris, tant plus nous le descouurons & le manifestons par nos honneurs.

Mais ne pensez pas qu'il ayt fait tout cecy sans dessein, toutes ses actions ont esté & sont de tres puissâtes voix qui nous enseignent quelques choses, il a voulu tirer ses grandeurs de ses abaissemens pour nous apprendre que nous deuions pareillement tirer nos gloires du mespris, c'est ma conclusion, & le profit que deuez remporter de tout ce discours. *Contemne gloriam*, disoit autrefois sainct Chrysostome à ses auditeurs, *si vis esse gloriosus*, mesprisez la gloire, si vous voulez deuenir glorieux. Il arriue souuent que les contrai-

Eucharistiques. 141
res se dispensans des regles ordinaires se produisent l'vn l'autre, vne trop grande paix peut allumer la guerre, & la guerre establir solidement la paix, les longues serenités sont causes des magasins de pluyes: le Soleil attirant continuellement les vapeurs de nos eaux, & ne les renuoyant pas, fait en l'air vn reserue de pluye, le mauuais temps se destruisant soy-mesme par ses foudres, tempestes, & orages, est sans doute la cause d'vne serenité; ainsi les abaissemens sont les vrays eschelós des grandeurs, *Contemne gloriam, si vis eße gloriosus*, & c'est-là le sens de l'Euangile, *Qui se humiliat, exaltabitur.*

Le Soleil rabat les vapeurs plus grossieres, & tire les plus minces à soy, tant moins vous serés gros d'orgueil, d'hôneurs & de grandeurs du môde, tant plus ferez vous proche du Soleil de la gloire.

Les estoilles, ne perdent pas leur lustre, pour descendre & se faire paroistre dans vn puy, au contraire ramassants leurs lumieres par vne merueille de nature elles se font mieux voir; de mesme ne croyez pas qu'en vous abaissant vous perdiez vos grâdeurs, pluftost vous en ferez plus grands, aussi vous imiterez mieux vostre diuin modelle, qui s'estant abaissé & comme aneanti dans le S. Sacrement, a trouué dautant plus de gloire, d'eloges, & d'honneurs. Ne vous imaginez pas que l'adorable vertu d'humilité repugne à la grandeur, pensés plustost qu'elle est son plus conforme obiet : le Ciel a tousiours creu que l'exellence ne deuoit point paroistre, si elle n'estoit accōpagnée d'humilité, d'où vient qu'il a voulu que ses plus grands mignons & fauoris leur fissent faire vne belle alliance; que le plus grād de tous les hommes mariast sa grandeur auec le mespris par le refus du plus grand de tous les tiltres, lors qu'vn S. Iean Baptiste refusa celuy de Messie, qu'vn peuple entier luy presentoit ; que l'exellence d'vn Moyse parut dans le mespris des grandeurs d'vne Cour, & mesme que la mere d'vn Dieu la plus noble entre les creatures, fit vn merueilleux mariage des sceptres & couronnes de Reyne & de dame du monde, auec les submissions d'vne seruante.

Mesprisez donc encore vn coup la gloire, l'honneur, les grandeurs de la terre, *Si vis esse gloriosus,* si vous voulez trouuer la gloire, l'honneur, & les grandeurs du Ciel.

LA SVAVITÉ
DANS LE DE'GOVST,
AV
SAINCT SACREMENT
de l'Autel.
EMBLEME QVATRIESME.

Deuoraui librum, & erat in ore meo tanquam mel dulce, & cùm deuorassem eum, amaricatus est venter meus. Apoc. 10.

I'ay deuoré vn liure, & le deuorant i'ay senty en la bouche vne emmiellée douceur, mais aprés l'auoir auallé, i'ay senty vne amertume au cœur. *Apocal.* 10.

IE sçay bien, Messieurs, que la nature nous produit plusieurs de ses fruicts,

K

qui portent l'amertume au dehors, & au dedans des douceurs agreables, la noix est grandement amere en son escorce, & dans son noyau elle contient des douces saueurs, mais qu'vne mesme chose consideré soubs vn mesme respect, soit amere & douce tout ensemble, suaue & dégoustante, c'est vne merueille des plus inconceuables.

Sainct Iean pourtant nous déclare hautemét qu'il a mangé vn liure, qui a produit au cœur & à la bouche des amertumes & des douceurs. Ce liure seroit-ce point le tressainct Sacrement de l'Autel? C'est vn beau liure de morale qui nous enseigne mille belles leçons, là l'on nous apprend l'amour, l'humilité, l'obeyssance & toutes les vertus, aussi est-il vn abregé de toutes les diuines merueilles, c'est vn liure de la plus profonde Theologie, de la plus haute Philosophie, ou pour mieux dire, c'est l'encyclopedie ou bien vn epitome de toutes les sciences. Ce liure se deuore & se mange, par les mignons & fauoris de Dieu: sans doute ce liure de sainct Iean, n'estoit que la figure du tres-sainct Sacrement, car tout estant pesé, il est encore suaue & dégoustant, c'est le 4. Embleme que ie vous ay promis, la suauité dans le degoust.

Ie l'expliqueray aprés auoir

salüé la douce Mere de l'Enfant des amertumes, & des douceurs.

L'EXPERIENCE & la raison nous ont tousiours persuadé, que les sens ne peuuent prendre du plaisir que dans les objects conformes à leur nature & inclination : la veüe ne se contente que parmy les beautez, les spectres & les phantosmes luy font peur, & les obscuritez luy sont aussi déplaisantes que les lumieres luy agréent, l'ouye ne se peut satisfaire que dans les harmonies des instrumens & des musiques; Les hurlemens & les tonnerres l'espouuantent, & s'il s'arreste au son d'vn luth touché mignardement par des mains delicates ; il se retire quand il oyt le roulement des carreaux dans les nuës fait par les mains d'vne nature courroucée: l'odorat se recrée parmy les œillets, & les roses, & se blesse dans les ordures & saletez: le toucher manie auec douceur le doux satin & les velours, & auec douleurs les ronces & les espines ; il est du goust la mesme chose, n'estant pas d'vne nature differente, il se trouue engagé à des mesmes effects, il ne peut trouuer de la suauité que dans les objects qu'il appete comme conformes & proportionnez: mais il est vray que les horribles & dégoustans morceaux, & les liqueurs de mesme sorte ne luy sont pas conformes, plustost elles luy sont contraires; nous remarquons aussi que dans l'vsage, elles font faire les grimaces à la bouche, & causent au cœur des ennuyeux sousleuemens, car comme il y a vne certaine communication au cœur, de toutes les parties, la langue, & le palais, organes du goust ressentans quelques fascheuses pointes, le cœur pareillement en reçoit la piquure, c'est pourquoy il paroit éuident que la suauité ne peut estre au dégoust, non plus que la beauté dans les tenebres, & l'harmonie dans le silence.

Les maladies diuerses qui nous attaquent tous les iours nous forcent à le croire, nous dégoustans par leurs secousses & accez, elles nous font regarder les plus douces viandes, comme des medecines, & apprehender le manger autant que les rasoirs, & plus que les lancettes, par ce que la nature n'y trouuant point de suauité, elle en refuit l'vsage : car en effet sans cette douce pointe, & ce delicat chatoüillement que Dieu a mis dans les viandes, nous refuirions les alimens autant qu'aujourd'huy les gourmands apprehendent & refuyent l'abstinence, &

l'on auroit autant de peine à nous persuader la manducation, qu'à vn febricitant, qui estant dégousté, ne prend point de plaisir dans l'vsage des meilleurs consommez. Que si la suauité que nous trouuons és alimens, est ce seul aiguillon qui nous en fait vser pour la conseruation de nostre vie, puisque nous ne pouuõs mãger estans vne fois dégoustez; c'est vne marque que le plaisir & la suauité n'est point dans le dégoust, mais plustost les déplaisirs, & les horreurs.

Neantmoins, Messieurs, si vous voulez arrester vos esprits à ce present discours, ie vous feray voir ce gentil

Embléme. Il est dépeint dans le sainct Sacrement auec vn pinceau tout doré, c'est vne riche medaille où ie lis tout au tour : *Suauité dans le dégoust.*

Premierement, si ie la considere d'vne part, ie n'y apperçois que du dégoust : ne m'aduoüerez-vous pas que de tous les obiets du goust la chair humaine est le plus dégoustant? encores peut-on manger la chair des moins vsitez animaux, & y trouuer du goust, ou moins d'horreur : il y a des nations où nos plus delicats morceaux sont les plus mesprisez, & nos plus grossiers alimens sont leurs plus douces nourritures : és païs nouuellement conneus, les chats, les chiés, & les cheuaux se mangent auec autant de delices que nous faisons en ces climats, les venaisons, les cailles, & les perdrix.

Mais pour la chair humaine l'vsage en est si detestable que la raison l'abhorre, la loy le defend, la coustume le fuit, & tout le monde le deteste: Les plus barbares nations l'ōt eu de tout temps en horreur, mesme les Scythes & autres inhumains que nous appellons anthropophages, & qui auoiēt cette coustume beaucoup plus que brutale, n'en venoient iamais à l'action quils ne ressentissent les symptomes d'vne certaine apprehenfion & violence naturelle. Nous lifons bien que dans les temps des guerres & famines, où la rigueur d'vne extreme neceffité fembloit permettre tout, on a mangé les hommes, mais ç'a efté lors que la rage d'vne faim, oftant l'vfage de raifon a fait faire à vne phrenefie ce que defend vne fage nature, à vn homme qui a encore quelque eftincelle de raifõ. La feule penfée fait de l'horreur, & fans doute aymeroit mieux mourir de faim que conferuer fa vie d'vne maniere fi eftrange, il n'y a que les forciers inftruits dans les academies & efcholes d'enfer, qui puiffent pratiquer cette couftume fatanique, les semblables espargnent leurs semblables, & le loup mesme defend le loup que l'on attaque; or il est vray Messieurs, qu'au sainct Sacrement de l'Autel est le sang & la chair de Iesus, homme & Dieu tout ensemble; il n'y a pas seulement la figure comme enseigne vn Caluin : car la figure precede la chose figurée: dans la loy ancienne, ont esté les figures, & dans la loy de grace les choses figurées, qui sont tousiours plus nobles que leurs figures & leurs tropes, d'où vient que l'Agneau Paschal ayant esté vne figure qui representoit la manducation du Fils de Dieu, & nostre Sauueur

Euchariſtiques. 157

eſtant la choſe figurée, car les figures ne ſuccedent pas à vne autre figure, il eſt tres euident que dans ce Sacrement eſt la chair de Ieſus.

Et puis comme parle l'Apoſtre, ce corps du Sacrement eſtoit le corps qui deuoit eſtre liuré pour nous, mais certes ce n'a point eſté ſeulement la figure du corps qui a eſté donnée, liurée & deſchirée pour le ſalut de l'hôme, mais bien ſon corps qui a eſté tué pour nous donner la vie.

Dauantage, il n'y a point d'apparence que toute l'Egliſe vniuerſelle ayt erré l'eſpace de mil cinq cens ans, tout lequel temps elle a creu ſans côtradiction la realité du corps

& du sang; apres lequel parut vn Berenger homme ignorāt, mais vain & cupide de gloire, qui pour auoir le nom d'estre nouueau Docteur, enseigna publiquement que ce n'estoit que la figure: c'est là vne pensée qui a conuaincu l'esprit des plus opiniastres. Erasme mesme assez hardi aux nouueautés, s'est rendu à sa forte: *Nunquam*, dit-il, *mihi persuaderi poterit, Christum, qui veritas est & charitas, tandiu passurum fuisse dilectam Spōsam suam hærere in errore tam abominando, vt crustulum farinaceum pro ipso adoraret*: Iamais, dit-il, l'on ne m'a peu, & l'on ne me poura persuader que Iesus fils de Dieu, qui est l'amour, la verité, & la lumiere, ayt laiffé fi long-temps fa bien aymée efpouſe dans vn erreur fi grand, & fi abominable, que d'adorer pour luy vn peu de pain ou de farine.

Puiſque Dieu meſme l'a declaré de cette ſorte, c'eſt vne horrible outrecuidance d'en venir dans le doute, quand meſme la raiſon ne le monſtreroit pas, ce qu'elle fait pourtant autant qu'il eſt poſſible; car certes puiſque la Beatitude de l'homme eſt la poſſeſſió de Dieu, & que la iouyſſance appartient aux eſpouſes, Dieu eſtoit obligé par conuenance d'accepter l'hôme pour eſpouſe, afin qu'accompliſſant le deuoir d'vne eſpouſe, il ſe disposast à cette possession diuine, à laquelle il a droict par les merites de Iesus : & par ce que cette disposition de l'homme pour iouyr, & posseder vn Dieu, ne peut estre que par le moyen & influence de Iesus, & par ressemblance à Dieu voilé au mesme Iesus-Christ, & que c'est à l'espoux d'engendrer des semblables auec son Espouse, pour cela Dieu voilé en Iesus-Christ deuoit rendre feconde l'ame soubs les tenebres de la foy par ses approches, caresses & embrassemens, afin que portant la ressemblance & l'image de l'Espoux elle fut plus disposée a sa claire & eternelle iouyssance, &

ce, & partant il y deuoit auoir vn mystere auquel ce Dieu seroit voilé pour embrasser cette ame; il est donc réellement & veritablement au tressainct Sacrement de l'Autel voilé en Iesus-Christ, qui est le mystere où s'accomplit cette merueille; ainsi Iesus-Christ y estant, sa chair & son sang s'y retrouuent, & sa chair y estant, est-ce pas vn dégoustant morceau, voire comme dans l'Hostie toute la chair & tout le sang y est, & que des choses dégoustantes, le trop augmente le dégoust, il est vray que regardant de ce costé cette medaille, nous n'y voyons que du dégoust.

Mais aussi, si vous la retournés vous y verrez & gouſterez toutes les douceurs & extatiques ſuauitez des Anges, *Guſtate & videte quoniam ſuauis eſt Dominus*, (dit le Roy des Prophetes.) Ne vous cōtentez pas de voir ce celeſte alimēt de nos ames, les apparēces nous deçoiuēt, vous n'y voyez que des eſpeces des moins delicates viandes, dont la faueur n'eſt pas conſiderable, mais gouſtés en tout à loiſir, & vous y trouuerez toutes les plus ſauoureuſes delices ramaſſées & encloſes, & ſi vous ne voulés vo⁹ en fier à vôtre gouſt, ſi vous n'en croyés pas voſtre propre experiēce, la raiſō vous le fait voir euidemmēt, ſi dans le ciel la ſeule veüe de ce ſacré morceau cauſe tant de douceur au ciel, que tous les

Anges en sont extasiez, & ressentent dans leurs volontez de puissans aiguillōs pour sa possession, que ne fait pas sa manducation? En matiere des choses manducables, le goust recrée beaucoup plus que la veuë; Mō Dieu s'estant fait vn celeste morceau dans le S. Sacrement, s'est mis au rang des choses māducables, c'est pourquoy sa manducation est mille fois plº agreable que sa veuë, & partant puisqu'au Ciel, il produit par sa veuë au cœur des Anges des infinies delices, il faut croire que dans le Sacrement, où il se mange, il en cause des mille fois plus qu'infinies. Voyés vous pas aussi que Dieu infinimēt sage en ses pēsées, &

L ij

en ses œuures l'a choisi pour la marque de ses suauitez (si nous croyons à l'Escriture) *Vt dulcedinem tuam in filios demonstrares, pane suauissimo reples,* Voulant monstrer vostre douceur, ô le Dieu de mon ame, vous nous auez donné vn pain tres-sauoureux.

Et bien, Messieurs, sçauez vous pas qu'entre la marque & la chose marquée, il y doit auoir quelque proportion, pour marquer la profondeur d'vn puy, vous prenez vne corde de la mesme hauteur. Dieu a choisi le pain des Anges qui compose le Sacrement des Sacremens, pour marquer ses douceurs & ses delicatesses, *Pane suauissimo,* il faut pourtãt

Euchariſtiques.

qu'entre les diuines douceurs, & les douceurs de ce pain ſauoureux, il y ayt quelque rapport, & que comme la douceur de mon Dieu eſt vrayement infinie, celle du pain le ſoit pareillement.

C'eſt pour cela que iamais il ne ſaoule, & qu'il fait meſpriſer tous les autres plus doux & delicieux mets, (comme a eſcrit S. Cyprian.) *Qui de ſacro calice bibit, ampliùs ſitit, & ita ſingulari fame illo vno appetitu tenetur, vt deinceps felloſa peccatorum pocula horreat, & omnis ſapor delectamentorum carnalium ſit ei quaſi rancidũ.* Certes, s'il nous fait abhorrer les plus ſenſibles voluptez que l'hõme de ſa nature paſſionne, eſtát en

S. Cypri. de S. Sacram.

partie senſitif, ſa douceur ſans doute a quelque choſe d'infini.

C'eſtoit ce que Dieu meſme vouloit ſignifier à l'vn de ſes Docteurs quád il luy dit, *Cibus ſum grandiũ, creſce & mãducabis me*, ie ſuis la viande des grands, l'õ ne ſert à la table des grands que les plus rares & exquiſes viandes, il s'appelle la viande des grands pour nous mõſtrer ſes douceurs & ſes delicateſſes.

Aug. li. 7. Conf. c. 10.

Autrefois voulant feſtoyer dans le deſert ſon peuple, il fit plouuoir miraculeuſemẽt vne diuine manne qui cõtenoit en ſoy le plaiſir de toutes les ſaueurs: s'il a tant fait, Meſſieurs, dãs la loy de ſang & de rigueur à ceux qui n'eſtoient encore que ſes eſclaues, il eſtoit à propos qu'il en fit dauantage dans la loy de grace & de douceur festoyant ses enfans; & que si cette premiere manne auoit toute suauité, cette seconde qu'il nous donne dans le petit desert de son Eglise soit beaucoup plus suaue, & d'autāt plus que les enfans sont auantagez pardessus les esclaues, leurs mets en soiēt aussi pl⁹ delicats.

Et puisque la magnificence de Dieu égalle les autres attributs, s'estant reserué à la loy de grace pour la faire paroistre; & les festins estans les pl⁹ propres sujets pour cette fin, cōme nous pouuōs voir par les coustumes de toutes les differētes nations qui ont tousiours preparé les festins solennels pour faire parade de leur magnificence; il falloit que le festin d'vn Dieu pour témoigner ses infinies magnificences fut accomply infiniment, & parce que la douceur des viandes est au festin, le plus considerable, il deuoit verser dans la boissõ, & parmy ses viandes des saueurs infiniment suaues.

Or le festin que Dieu nous fait, n'est autre chose que le S. Sacremēt: c'est-là ce grand bāquet, où beaucoup mieux qu'ē celuy d'Assuere, toutes les delicatesses, toutes les agreables saueurs sont attirées du Ciel & de la terre pour y produire mille suauitez, *Homo quidam fecit cœnam magnam.* Aduoiiez dōc & admirez les infinies douceurs de cette table.

Si vous en voulez encore d'autres plus fortes preuues, vous vous lasserez pluſtoſt de les entendre, que moy à vous les dire: pour éuiter cet ennuy & ne point dégouſter voſtre eſprit par quelque ſorte de longueur; ie n'en veux qu'vne, qui eſt capable d'en chaſſer tous les doutes.

Si ie vous monſtre que la ſuauité de cette table ſurpaſſe en grandeurs les douceurs de la Beatitude, ſerez-vous pas contents? direz-vous pas auec moy, c'eſt-là le magaſin s celeſtes douceurs? mais à n'en point mentir ou l'Egliſe a grand tort, ou la ſuauité de ce diuin morceau eſt plus grande que celle qui comble de ioye les Bien-heureux dedans le Ciel.

Est-il pas vray que le gage est plus riche que la chose pour laquelle il est gage? dautant qu'il est pour asseurer celuy qui preste, de restitution, s'il n'estoit plus, prestant quelque somme d'argent, & receuant de vous vn gage, i'aurois suiet de soupçonner que vostre gage ne vallant pas ma somme, vous ne vous mettiez pas en peine de le perdre, vous ayant dauantage de moy. Et bien, Messieurs, l'Eglise nous apprend elle pas que le S. Sacrement est vn gage de la Beatitude? *pignus æternæ gloriæ nobis datur*, il a donné plus d'attraits, de charmes & de douceur que la Beatitude. Et la raison en est assez facile à conceuoir, puisque il comprend tout ce qui est en la Beatitude, & encore dauantage. La Beatitude des Saincts ne dit autre chose en son concept formel que la claire vision de Dieu comme il est en luy mesme, suiuie d'vn vray amour de ce diuin obiet, & d'vne ioye sans pareille reiallissante de l'amour & de la vision. Dans le S. Sacrement nous y voyons le mesme Dieu par la lumiere de la foy, & encore que cette visiõ ne soit pas claire & lumineuse comme est celle des Biẽ-heureux, sa possessiõ est beaucoup plus considerable; car l'vniõ auec vn objet

denote vne plus parfaite iouiſ-
ſance que ne fait pas la ſeule
viſion, le ſens meſme n'ignore
pas vne ſi claire verité. Les
folaſtres amoureux de la terre
sõt bien ayſes de voir les beautés qu'ils adorent, mais ils
preferent l'vniõ & les embraſ-
ſemens à des ſimples regards;
il eſt vray que dans le Ciel, les
amoureux de Dieu le voyent
& le poſſedent par leur entendement: mais au S. Sacrement
l'ame eſt vnie à luy, corps à
corps, ame à ame, & le poſſe-
de par cette liaiſon; c'eſt
pourquoy la plus parfaite
iouyſſance cauſe vne plus grã-
de ioye: en ce ſens la douceur
que cauſe cette vnion Sacramentale auec vne ame, a quel-

que chose de plus grand. Cela estant ie ie ne m'estonne plus si tant de saintes ames sortans de la Communion, ont demeuré autrefois sans parler, sans boire, sans manger, les mois & les années entieres, marchans sans connoistre personne, viuans sans alimét: c'est que la grande ioye ne permet pas à l'homme ses ordinaires fonctions, elle le colle & attache si fortement au doux principe qui la cause, qu'il ne peut s'appliquer à aucune chose.

Il est donc vray, Messieurs, que si ce pain cuit au four de la passion par le feu du diuin amour, d'vn costé nous paroit dégoustant, d'vn autre il n'a que des douceurs: ainsi vous voyez clairement noftre Embleme, Suauité dans le dégouft, & partant puifque vous vous plaifez dans les delicateffes, que les feftins delicieux vous attirent, les vins agreables vous plaifent, les morceaux delicats vous amorcent, aujourd'huy qu'on vous conuie à ce feftin, où le vin eft plus doux que l'ambrofie, le pain plus fauoureux que tout ce que peut faire vn artifice fenfuel, la viande plus delicate que la manne, accourez-y Meffieurs, *Homo quidam fecit cœnam magnam*, ne trouuez point d'excufe, que les embaras temporels ne vous rauiffent pas ce bon-heur, que la complaisance d'vne femme & ses pernicieux enchantemens ne vous desrobent pas les sentimens d'vne si douce ioye, ne permettez pas que les boiteux & les estropiats, soient mis à vostre place; Dieu vous ayme, Messieurs, vous estes ses enfans legitimes, il vous conuie à sõ festin, *Fecit cœnam magnam,* Ie suis l'vn de ses messagers, ie vous ay dit l'excellence & la douceur des mets que l'on vous feruira, si vous n'y venez pas, il prendra les boiteux, les estrangers, les debiles, ceux qu'il n'aymoit pas à l'esgal de vous, & ils prendront vos places, & vous deuiendrez de pauures affamez qui demandans vn iour auec paſſion le bien que vous refuſez, ſerez payez de la meſme monnoye, vous ſerez eſconduirs. Meſſieurs, éuitez ce malheur qui vous menace, & vous approchez de cette table dignement, *parata ſunt omnia*, tout eſt preſt, le pain eſt cuit, le vin eſt tiré des ſaints celliers de voſtre Eſpoux, les viandes sōt ſur la table, la nappe eſt miſe, les Preſtres, les Pages du Ciel ſe diſposét à vous ſeruir, *parata sūt omnia*, il ne reſte pl⁹ qu'à vous en approcher, mais vſez en comme il faut, afin que vous gouſtiez les ſaueurs, vous en vſez peut-eſtre, & en auez vſé, mais ſans ſuauité, c'eſt que vous ſophiſtiquez ce vin d'eſ-

Eucharistiques. 177
vous meslangez ces mets : les grands vins d'Espagne, muscats & autres precieux se boiuent purs & sans meslange d'eau, autrement vous ostez ce petit accident qui recrée de sa suauité. Messieurs, la boisson de la table & du festin de Dieu est mille fois plus precieuse, que tous vos vins dont vous faites estat, mais comme vous y meslez de l'eau, vous les beuuez auec tiedeur & froideur d'esprit, quelque fois auec l'eau de vos pechés, voila pourquoy vous ne le goustez pas. O si vous les beuuiez purs auec ferueur & amour, vostre cœur s'espanoüiroit en ioye, & enyuré de ses fortes dou-
M

178 *Emblemes Eucharistiques.*
ceurs, vous ne pourriez marcher en terre & ne feriez que tournoyer iusqu'à ce que vous auriez trouué vne entrée dans le Ciel.

LE SOLEIL
DANS LA NVICT,
A V
SAINCT SACREMENT
de l'Autel.

EMBLEME CINQVIESME.

Erat nubes tenebrosa illuminans noctem, Exodi 14.

Il y auoit vne nuë tenebreuse qui esclairoit la nuict,
Exode 14.

LES Hebreux autrefois marchans dans le desert soubs la conduitte d'vn Moyse, Dieu vray Pere d'amour,

M ij

tira du cabinet de sa puissance vne colonne toute miraculeuse du iour & de la nuict, pour leur seruir dans les obscuritez de phare & de flambeau, & au milieu du iour d'vn ombrageux & fauorable pauillon, *Erat nubes tenebrosa illuminans noctem.* Ce fut sans doute vne excellente merueille pour vn peuple chery & honoré du Ciel : il me semble pourtant en voir aujourd'huy vne beaucoup plus grande dans le petit desert de l'Eglise de Dieu ; considerant mon Dieu au tres-sainct Sacrement de l'Autel, i'y vois & des tenebres & des lumieres, c'est vne adorable colonne, illuminante & tenebreuse, rafraichissante & eschauffante, & qui produit autant d'ombrages que d'amoureux rayons; Ie sçay bien qu'on a peine de croire que des effets si opposez puissent reconnoistre le mesme principe de leur production, si toutefois vous vous donnez vn peu de patience, ie m'estudieray à vous faire voir en peu de mots cette rare merueille qui accorde les lumieres auec les tenebres & qui propose, comme vn objet d'admiration à nos esprits vn Soleil dans la nuict, c'est le cinquiesme Embleme.

Diuine Aurore qui auez engendré ce Soleil au milieu de la nuict, assistez nous en ce dessein.

PVISQVE Dieu est l'autheur de nature, & que la nature n'agit que par ses ordres, ayant vn iour determiné que le Soleil seroit l'astre du iour, & seul y auroit l'office de premier president, elle ne peut luy commander d'enuoyer ses rayons dans la nuict, & si c'est luy qui fait la nuict par sa retraitte, il est autant possible qu'il se retire & qu'il s'approche, comme de luire au milieu de la nuict : s'il luisoit dans la nuict, il seroit nuict, & ne seroit point nuict, d'autant que ses regards qui ne peuuent estre sans lumieres chassans & dissipans toutes obscuritez feroient vn agreable iour, ainſi il ne ſeroit plus nuict, & ce iour ſe faiſant dans la nuict, il ſeroit nuict & ne ſeroit pas nuict.

C'eſt donc ſeulement dans le iour que le Soleil fait ſa carriere, les petites lumieres cōme la Lune & les Eſtoilles, & les autres flambeaux que l'artifice nous a appris de faire, peuuent briller ſans faire iour ; car bien qu'elles eſclairent & brillent en quelque part, elles n'ont pas aſſez d'eſclat pour diſſiper, & pour blanchir cette noirceur vniuerſelle des tenebres, & meſme au lieu qu'elles eſclairent elles ne donnent qu'vn foible & fort groſſier crayon de la beauté du iour, mais le Soleil a tant de lumiere en reserue, que iamais il ne s'allume que pour chasser tout ce qui n'est pas iour, quand la voix d'vn autant genereux que sage Iosué fit arrester & retarder sa course, la nuict ne parut point à son heure ordinaire : il n'y a point icy bas de puissance assez forte pour faire la merueille du Soleil dans les obscurités; Dieu mesme qui a cōmandé au feu de produire des rafraichissemens, & aux serenités de deuenir des pluyes, n'a point forcé ce glorieux planette de marcher sans nous donner du iour. Quand le Fils de mon Dieu voulut mourir pour nous rendre la vie: la haute prouidence qui ne fait rien sans des sages desseins, ordonna les tenebres par tous les cantons de la terre, mais aussi ie remarque qu'estant au temps que le Soleil faisoit encore sa course, il plia & replia tous ses rayons, cacha son visage, pour nous dire, & monstrer que sa presence ne pouuoit compatir auec les tenebres, & que si Dieu commandoit ce dueil à toute la nature, il falloit qu'il se cacha luy-mesme pour ne point l'empescher ; cét astre sans pareil ayant esté creé pour mettre vn chacun en besogne, & pour trauailler luy-mesme aux generatiõs de toutes choses, ne peut pas auoir la nuict pour son partage, qui est le temps de quietude & de repos, & auquel toutes les creatures quittent leurs mouuemens pour vn peu se delasser, & les recommencer plus vigoureusement.

Et puis cet astre estant le Pere des siccités & des chaleurs, comment seroit-il dans la nuict mere du froid & de l'humide: estant l'image de la vie ainsi que le principe, comment se pourroit il trouuer auec les tenebres images & causes de la mort? quand mesme il ne seroit pas tout à fait impossible ou repugnant à sa nature, quelle apparence que celuy qui a disposé sagement toutes choses, & qui ne peut souffrir que l'on allume la lumiere pour la cacher foubs vn boiffeau ayt permis ce defordre, & toleré que ce beau diamant foit enfermé dans vne boëtte, & ce magafin de clartés foit fans charmes & fans attraits dans vne fombre nuict; Il a donné ce temps aux fpectres & aux phantofmes pour faire leur ronde, & caufer leur terreur, mais non aux beautés pour cacher leurs appas.

Ce feroit vn deffaut de fageffe de créer & embellir vn eftre pour le cacher fans eftre veu, puifque fa beauté de la forte luy feroit inutile ; le Soleil, dont les beautés nous rauiffent, n'a donc pas efté fait pour eftre caché dans les tenebres, mais pour estre regardé auec plaisir & admiration, & par ainsi la raison, ainsi que sa nature, nous deffend de croire qu'il peut loger dans les tenebres & dans la nuit. Que penserez-vous donc de moy Messieurs, qui ay entrepris de monstrer le contraire, & descouurir en ce present discours l'Embleme du Soleil dans la nuit? c'est mon Dieu au tres sainct Sacrement de l'Autel.

Premierement, est-ce pas vne nuict? comme il a esté *1. Cor.1.* faict dans la nuict, *in qua nocte tradebatur*, il porte encore les marques de ses obscu- *Psal.17.* rités. *Posuit tenebras latibulum suum*, il a choisi pour cabinet secret la nuict & les tenebres: quelle est cette cachette & cabinet secret de la Diuinité? est-ce pas ce diuin Sacrement, où il s'est mussé amoureusement pour ne pas s'esloigner de nous lors que nous le chaffions de nostre compagnie?

Il a fait comme ceux qui se plaisans en quelque lieu, quand on les veut faire sortir, en font quelque semblant, & au lieu de ce faire, se cachent & se mussent en vn coin où sans estre apperceus, ils assouuissent leur desir : Mon Dieu se plaisoit gandement auec nous, *Deliciæ meæ esse cum filiis hominum*, mais nous ingrats sans cœur & mal cour-

Prou. 8.

tois, l'auons chassé de nostre compagnie: luy voyant nos violences & nos mauuaises volontez, il a fait mine dans sa mort de quitter & delaisser les hommes, mais doucement & finement il s'est caché dans vn petit recoing des especes du pain & du vin, & là sans estre veu, il assouuit sa passion de demeurer tousiours auec nous, & par ainsi le Sacrement est son lieu de cachette, si bien que, comme dit le Prophete, sa cachette estant dans les tenebres, *Posuit tenebras latibulum suum*, ce Sacrement est vne nuict.

La nuict fait voir souuent les veritez comme apparences, & les apparences comme

Eucharistiques. 191
des veritez, les arbres nous paroiſſent des corps, & les corps des ombrages, quand vous marchez dans les tenebres ; il en arriue autant au ſainct Sacrement de l'Autel, il n'y a réellement que les eſpeces du pain & du vin, les ſubſtances n'y ſont pas, & nos yeux iugent tout le contraire. Luther a enſeigné autrefois cét erreur, & bien qu'il ayt confeſſé la realité du corps du Fils de Dieu, il a voulu auſſi que les ſubſtáces du pain & du vin y demeuraſſent toutes entieres. Les autres, cóme Beréger & Caluin, ont dit que le corps de Ies⁹ n'y eſtoit pas, que ce n'eſtoit que la figure, & l'óbre de ce corps; eſt-ce pas prendre les

verités comme apparences, & les apparences comme des verités ; les ombres pour les corps, & les corps pour les ombres? mais est-ce pas vne euidente marque qu'il est nuict là dedans?

Dauantage dans la nuict, nous ne pouuons marcher qu'auec des flambeaux, autrement nous sommes en hazard de nous blesser & faire mal. Ainsi Messieurs, les yeux & la raison ne peuuent auancer ny faire vn pas dans la consideration de ce diuin mystere sans la lumiere & flambeau de la foy, & ceux qui sans ayde & secours ont voulu s'y engager, se sont precipitez dás des profonds abysmes, où ils

Euchariſtiques. 193

ils ont pery, & demeuré tres-miſerablemēt. Berenger, Zuingle, Luther, Caluin, & d'autres porteront à iamais teſmoignages de cette funeſte & pitoyable verité. C'eſt pourquoy il eſt appellé myſtere de la foy par antonomaſie ; parce qu'encore que les autres myſteres demandent pour eſtre veus, l'ayde de ce flambeau, celuy-cy particulierement, *Myſterium fidei.* Et en effet qui pourroit ſans ce flambeau comprendre tous les ſecrets de ce diuin memorial des merueilles de Dieu ? qui conceuroit que du pain & du vin ſoiēt en vertu des paroles d'vn homme tranſubſtantiez au corps glorieux de mon Dieu ?

N

Puis qu'entre les merueilles, celle qui change les natures a esté de tout temps estimée la plus grande, & qu'il est plus facile de créer de nouueau, que de changer quelque nature.

Qui pourroit conceuoir que ce corps de mon Dieu, materiel aussi bien que le mien, auec toute sa quantité & ses dimensions, n'occupe point de lieu, & est tout en la plus petite parcelle de l'Hostie rendu inuisible soubs des visibles accidents, nourrir sans estre digeré les corps & les ames des hommes?

Qui conceuroit que ce corps estant comme attaché aux accidens ne peut receuoir lesion, encore que l'on brusle les especes, & que parmy les feux de la maison, sans se bouger ny se mouuoir, il demeure inalterable & impassible?

Qui conceuroit que ce mesme corps est presét, en mesme temps, en mille & mille lieux, ayant ses membres distincts les vns des autres, changeant de place au mouuement du Sacrement, ne changeant pas pourtant la situation de ses parties?

Qui penetreroit que Dieu reuestu de sa gloire, cóme il est dans le Ciel, descéd & se trouue en l'Hostie, obeyssant aux paroles du Prestre, sans quitter la dextre de son Pere?

Qui pourroit cóceuoir qu'vn mesme corps desiste d'estre, &

soit en mesme temps ? quand ie consomme l'Hostie, le Fils de Dieu y perd son estre qu'il y auoit, il est pourtant en mille autres endroits, ainsi il est, & s'il desiste d'estre à mesme temps, & ainsi des autres accidens; il est icy porté parmy nos ruës, ailleurs il repose dans nos ciboires, ici l'on l'eleue à la Messe pendant qu'vn autre le rabaisse, sont-ce pas là des abysmes sans fond ? ce n'est pas encore tout.

Qui pourroit penetrer que des accidens qui demandent naturellement d'estre collez à leur substance, sont sans aucun appuy ? aussi grande merueille que si mon corps se soustenoit tout seul en l'air.

Qui comprendroit que les mesmes accidens ayent la vertu de sustenter & de nourrir ainsi que la substance, & que n'y ayant ny pain ny vin, ils nourrissent de la mesme façon que s'il y auoit & pain & vin? Miracle aussi grand pour le goust que qui se repaistroit de la veüe des viandes.

Qui comprendroit qu'vn Dieu glorieux, Bien-heureux comme il est dans les Cieux viuant, puisse estre sans sentiment, sans actions & mouuemens?

Enfin qui pourroit croire que Dieu auec toutes ses richesses & thresors, auec toutes ses grandeurs soit renfermé dans vn si petit logement?

Messieurs, tout bien cõsideré, voº iugerez que sans le flãbeau de la foy nous courons risque de marcher là dedans, & partant qu'il est nuict à nos intellects, aussi bien qu'à nos yeux.

Et c'est ce qui me force à dire que le Soleil est dans la nuict, puisque si i'y vois vne nuict, i'y vois aussi vn beau Soleil; & si c'est la cachette de Dieu, il est aussi son tabernacle, & comme sa cachette est la nuict, de mesme son tabernacle est le Soleil, *In sole posuit tabernaculum suum.*

Psal. 18.

Dieu voulut autrefois que l'Arche d'Alliance, figure de nostre Sacrement, reposa dans la maison d'Obededom, qui veut autant à dire que Ser-

uiens fuluo, ministre du brillant doré : c'est à dire seruiteur & distributeur de lumiere, pour nous signifier qu'vn iour la verité de la figure, à sçauoir Dieu au tres-sainct Sacrement, reposeroit au seruiteur doré : c'est à dire au Soleil, *In sole posuit tabernaculum suum* ; & partant si le sainct Sacrement est vne nuict, il est aussi vn vray Soleil. Si vous me voulez suiure dans le rapport de leurs rapports, vous n'en douterez pas : car il est vray que cét astre visible n'a point receu de son Autheur de riches qualitez pour se rendre doublement admirable en terre comme au Ciel, que le S. Sacrement ne participe eminemment d'vne façon plus noble pour se rendre adorable, & par les Anges & par les hommes.

En la creation de l'Vniuers, Dieu fit paroistre vne lumiere pour donner iour à ses ouurages, laquelle separant l'heterogene d'auec l'homogene de la nature premiere, fit cette riche diuision de toute la nature ; enfin aprés que la lumiere eut operé cette merueille, elle n'eclypsa point, comme ont pensé aucuns, mais au lieu de se perdre, fut la matiere du Soleil ; ainsi fut creé ou produit ce pere de lumiere. Messieurs, ie descouure en l'institution de nostre Sacrement vne pareille circonstance,

Dieu creant vne Eglise, ou pour mieux dire vn nouueau monde, il tira de la matiere premiere de Marie vne belle lumiere, *Erat lux vera*, le Fils de Dieu est la lumiere: cette lumiere agissant par diuins mouuemens, separa l'impur de la loy d'auec le plus pur, & en fit la nouuelle dans le bel ordre que vous la pouuez voir : cette lumiere ayant operé de la sorte, elle n'eclypsa point, & bien qu'elle parut obscurcie sur l'arbre de la Croix, elle seruit d'vne riche matiere, pour composer le beau Soleil Eucharistique. Ouy, Messieurs, ce mesme corps qui a esté attaché à la Croix est la matiere, aussi bien que la forme de ce noble Soleil; puisque rien ne se produit sans alteration, il falloit pour produire vn si noble & excellent effet de l'alteration dans le sujet, aussi le tout fut accomply, *in qua nocte tradebatur*, quand cette riche & celeste lumiere souffrit les alterations des calomnies, trahisons & blasphemes : de sorte que le Soleil & le sainct Sacrement ont de tres-grandes ressemblances en leur production, mais beaucoup plus en leur nature, puis qu'ils produisent de pareils effects.

Le Soleil est vnique, il est appellé *Sol, quasi Solus lucens*, comme seul esclairant, dautant qu'il est la source de lumiere qu'il a de soy eminemment, & par essence, les autres astres sont seulement par participatiō & empruntēt de cette source leurs ruisseaux, aussi est-il logé au milieu des planettes, afin qu'il puisse leur départir plus aysément ses brillantes lumieres, si bien que l'on peut dire en quelque sorte, que les autres astres ne sont point lumineux, mais seulement illuminez. Ainsi Messieurs, releuons nos pensées & les arrestons à vn plus haut Soleil; ie voy que tous les autres Sacremens, qui sont comme les astres & planettes dans le Ciel de l'Eglise, ne tirent leur efficace & energie que du merite de ce precieux corps

& sang de mon Sauueur contenu en l'Eucharistie, c'est-là qu'il est le Pere de lumiere & le dispensateur de tous les biens imaginables, aussi est-il comme au milieu, & trois luy sont preambulaires, & les trois autres subsequens, le Baptesme, la Confirmation, & puis la Penitence le precedent, le Mariage, l'Ordre & l'Extreme-Onction le suiuent, & certes dans tout le Ciel de nostre Eglise, il n'y a que le saint Sacrement qui soit lumiere essentiellement, les autres Sacremens, & tous les Saincts qui brillent dans ce bas firmament, ne sont pas des lumieres, ils sont des lampes al-

Eucharistiques. 205

lumées, des lueurs empruntées, aussi S. Iean parlant d'vn autre S. Iean le plus grand entre les hommes & les Saincts, dit expressement qu'il n'estoit point vne lumiere, il estoit seulement pour tesmoigner de la lumiere, il n'estoit à proprement parler qu'vne lampe allumée, s'il eust esté vne lumiere, la grace luy auroit esté connaturelle, comme la lumiere au Soleil, ainsi par consequent la gloire & la Beatitude, ce, qui n'est deu qu'au Fils de Dieu caché dans le S. Sacrement, & qui est seul la lumiere du monde, *Ego sum lux mundi.* Ioan. 8.

Et comme le Soleil a causé qu'il est lumiere par essence, enuoye des rayons icy bas mille fois plus brillans que les autres planettes ; & par ce que la lumiere n'est point sans la chaleur, & la chaleur sans la fecondité, estant l'instrument vniuersel de la nature pour faire ses ouurages, de là vient qu'esclairant grandemét, il eschauffe beaucoup, & fertilise esgallement.

Ainsi à cause que le S. Sacrement est le Soleil & la lumiere essentiellement, il communique de bien plus grandes graces que tous les autres Sacremens, il donne de plus bruslantes flammes; les anciens Chrestiens sembloiét des lyons sortans de cette table, *Tanquam leones ignem spirã-*

tes, & par vne suitte necessaire il rend l'ame fertile en toutes sortes de belles fleurs, & de bōs fruicts: Aussi remarque-ie que comme le Soleil à raison de sa grande lumiere ne peut estre apperçu par des foibles prunelles, comme sont celles des hiboux, qui n'ē peuent supporter les approches; de mesme les grands rayons de ce saint Sacrement ne peuuent estre veus par des yeux chassieux, à moins que de deuenir entierement aueugles: la prunelle de la raison n'a point assez de force pour en souffrir l'esclat. Voyez vous pas aussi que les hiboux du monde le fuient cōme leur ennemy, n'en pouuans supporter les brillās?

les heretiques sont-ce pas des hyboux, les hyboux ne volent que la nuict, & les heretiques ne veulent point de iour ny, de flambeau pour se conduire, que les tenebres de leur entédement; les hyboux ont beaucoup de plumage, & des aisles qui semblent estre assez fortes pour outrepasser le plus haut des nuës, & toutefois ont de la peine de voler, & souuant ayans pris leur essor sont contraints de retourner en terre.

O le beau plumage qu'ont les heretiques de ce temps nos pretendus reformez, ils font mine de reformer le Ciel, la parole de Dieu, & la Saincte Escriture, mais leur cheute iournaliere

Euchariſtiques. 209
iournaliere nous monſtre aſſez que ce n'eſt qu'apparence.

Les hyboux gaſtent toutes les chaſſes des oyſeaux: le chaſſeur s'en va dans les taillis auec ſes gluaux, les ajance artiſtement deſſus les arbriſſeaux, afin que les petits oyſeaux ignorans de l'artifice ſe viennent rendre à ſa mercy, mais quand ce malheureux oyſeau vient à voler par là autour, il emporte tout, & prend le meilleur de la chaſſe.

Meſſieurs, Dieu eſt vn merueilleux chaſſeur, il eſt caché derriere les treillis, *Proſpiciens per cancellos*, derriere les eſpeces Sacramentales, là il nous a tendu des pieges amoureux, *Vinculum charitatis*, c'eſt

O

vn lien d'amour ; mais voyla ces malheureux hyboux qui sont venus voler autour de ces lassets d'amour, ils n'en laissent que la figure, emportét la realité, & ont ainsi destourné nostre beny chasseur de prendre plusieurs ames & en fournir les vollieres Ecclesiastiques: si bien que veritablement les heretiques sont les hyboux de nostre siecle ; & s'ils ne peuuent supporter l'esclat du tressainct Sacrement, c'est qu'il est vn Soleil dont la lumiere est trop perçante pour leurs foibles paupieres.

Dauantage le Soleil dans le monde, plonge ses rayons dans les marets & dás les eaux, sans contracter aucune ordure, & en attirant les vapeurs, & les exhalaisons, les promenant en l'air en fait icy des douces pluyes pour donner la vie à la nature sublunaire, & là il en fait faire des carreaux pour escraser des testes. Et nostre Soleil Eucharistique fait tous les iours la mesme chose, il se plonge dans les marets de nostre corps, sans pourtant se soüiller, car là il est inalterable: s'il y trouue des benignes vapeurs dans les eaux d'vne contrition, il les attire & les renuoye en pluyes de benedictions, il baigne ce visage de larmes de douleur, qui ont pouuoir de cõseruer la vie, *Vita bonis*, ainsi il est la vie aux bons, mais s'il y trouue des exhalaisons chaudes de saletez & impudicitez, il les attire, mais pour les renuoyer dans vn carreau espouuentable qui tuë auant que menacer, *Mors est malis*, , ainsi il est la mort aux criminels & aux meschans.

Le Soleil est la plus riche parure de tout le firmament, & iamais creature n'a tant trouué de respect, d'eloges & d'admiration que cét astre bening. Les Salliens l'ont nommé leur grand Dieu, les barbares des Indes Orientales n'ont point reconneu autrefois d'autre diuinité, & ne mãquoient iamais de l'adorer sur son Leuant & à son Occident.

Anaxagoras disoit qu'il n'eſtoit nay que pour le contempler, tant ſes merueilles eſtoiét conſiderables. Le Prelat Milanois l'appelle le Roy du Ciel & l'œil de l'Vniuers, & S. Gregoire le Dieu du bas monde: en vn mot cette brillante creature a de tout temps receu autant d'eloges & de loüāges qu'elle enuoye de rayons. Ce n'eſt pourtant qu'vne foible peinture des honneurs & adorations qu'on rend au tresſainct Sacrement, le plus precieux ornement de l'Egliſe. Tous les Docteurs ſe ſont eſpuiſez quand ils ont voulu declarer ſes merueilles, & chacun fait ſes petits efforts, quand il eſt queſtion d'honorer ſes grandeurs.

De sorte qu'il ne peut nous rester aucun doute que le S. Sacrement ne soit vn vray Soleil, & s'il est nuit côme vous auez veu, voyla pas le Soleil dans la nuit? Voyla pas la Colône miraculeuse du iour & de la nuit? les Hebreux marchans dans le desert, paroissoit vne colonne tenebreuse, *Et nubes tenebrosa illuminãs noctē*, elle estoit tenebreuse, & si elle esclairoit. C'estoit sans doute vne merueille de la bôté du Ciel pour vn peuple cheri, mais en voici vne pl^9 grande dans le petit desert de l'Eglise de Dieu, *Nubes tenebrosa illuminans noctem*, vne lumiere dans les tenebres, vn Soleil dãs la nuit, Dieu au S. Sacremét est voilé d'vne nuë, des especes Sacramétales, il ne se voit pas, il est

Euchariſtiques.

caché aux diables, mais il éclaire à guiſe d'vn Soleil, ſi biē qu'il eſt nuit & Soleil tout enſéble.

Que ſi Meſſieurs, vous deſirés ſçauoir la raiſon de cette merueille, ie vous diray qu'il s'eſt fait nuict, pour nous dire que nous ne deuōs pas en ſōder les abyſmes ſās porter auec noᵉ le flābeau de la foy, & que ce myſtere n'eſt pas dōné à la raiſon pour le manier à ſa mode, mais à la foy pour l'adorer, *niſi credideritis non intelligetis; myſteriū fidei,* c'eſt le myſtere de la foi par antonomaſie, & partant il deuoit eſtre nuit. Mais il s'eſt fait auſſi Soleil pour nous mōſtrer les bōheurs de ſon vſage, & les malheurs de ſon abſéce, & par cette double veuë noᵉ inuiter à ſes approches.

Le Soleil est tellement necessaire au grand monde, que s'il venoit à ne plus estre l'espace d'vn quart d'heure, tout s'en iroit dans le desastre : icy Dieu s'est fait vn Soleil pour nous faire connoistre cōbien l'vsage & les rayōs nous en sõt necessaires, & en effet ie connois clairemēt que tous les pernicieux effets, que cause l'absẽce du Soleil dās le mōde, sont causez dās vne ame qui se priue de la clarté de ce diuin Soleil.

Parce que ce bel œil du monde a la vertu de purifier l'air, les lieux fermez à sa lumiere, cōme sont les recoins des montagnes, les cauernes & grottes sousterraines sōt répliesde serpens, chauuesouris, vermines

& crapaux; ainsi sans doute sõt les ames qui ne communient point, ou peu souuent, elles sont remplies d'affections terrestres figurées par les serpẽs qui rẽpent sur la terre, elles sõt dans des espaisses obscurités figurées par les chauuesouris qui ne volent que dans la nuict, elles sont dans des labyrinthes inextricables d'erreurs & d'ignorance, elles sont ordinairement soüillées de saletés, ordures & vilanies represẽtées par les crapaux qui viuẽt dans la bouë: en outre vous ne voyez que des vermines examinant leur conscience, de sorte que sans exagerer, les ames qui ne communient pas sont des antres, des cauernes, des grottes sousterraines, des repaires d'animaux venimeux.

Car puisque l'absence d'vn sujet cause tous les malheurs opposez au bon-heur que cause sa presence, l'Eucharistie, côme dit S. Chrysostome, esclairant nos esprits, les eschauffant à l'amour du Ciel, & les retirant des charneles affectiós des creatures, sô absence nous cause les malheurs opposez, sçauoir les obscurités, les terrestres affections, & les attaches à la chair, & c'est pourquoy le mesme Docteur dit que la priuation de cette diuine viande doit estre le seul obiet de nos douleurs, *Vnus nobis sit dolor hac esca priuari*, & si autrefois, aujourd'huy mesme

Eucharistiques.

quelques Docteurs diſſuadent l'vſage frequent de la Communion, ce n'eſt pas qu'ils en blaſment les approches, mais les irreuerences, puiſque c'eſt noſtre pain quotidien dont nous parlons dans l'oraiſon Dominicale, cōme dit S. Auguſtin, l'on ne ſçauroit en vſer trop ſouuent, & l'on le peut à chaque iour, pourueu que l'on ſoit diſposé cōme il faut, *Sic viue vt quotidie merearis accipere*, dit S. Auguſtin: mais puis qu'il n'eſt pas pour les chiens l'ō ne ſçauroit en trop peu prédre quand l'ō meine vne vie d'animal & de chiē: puis qu'il eſt vn Soleil, il eſt trop neceſſaire pour en fuir les approches; mais puis qu'il eſt vne nuit, c'eſt temerité d'y entrer ſans flābeau ou diſpoſitiō,

Sic viue vt quotidie merearis accipere. Venez & defpechez vous de telle forte que ce Soleil nous foit fauorable & que fa nuict ne nous foit point nuifible.

LES RICHESSES
DV CIEL DANS
LA PAVVRETE',
AV
SAINCT SACREMENT
de l'Autel.

EMBLEME SIXIESME.

Simul in vnum diues & pauper. Pfal. 48.

Le riche & le pauure se rencontrent ensemble. Pf. 48.

PVISQVE l'autheur de la nature a establi parmy ses beaux ouurages vne agreable diuersité, il falloit en suitte leur bastir des logemens diuers; il falloit que le feu ne fut point auec l'eau; les cieux d'vne matiere subtile & desliée fussent loing de la terre élement tres grossier & pesant: il falloit que les oyseaux volassent parmy l'air, les poissons nageassent dans les eaux, & les terrestres animaux marchassēt sur la terre: si cette conuenance se voit en la nature, elle est aussi en la police, les petits & les grands, les Seigneurs & vassaux, les nobles & roturiers ont des places differentes és estats. Dieu ayant voulu parmy les hommes plusieurs conditions diuerses, leur a voulu à mesme temps des differens departe-

Euchariſtiques. 223

ments. Les pauures logent és hoſpitaux, & les riches és palais: & le Mareſchal de logis n'auroit pas bonne grace qui marqueroit aux petits & aux grands des chambres eſgallement conſiderables. Que penſerez vous donc de moy Meſſieurs, qui ay deſſein de monſtrer le contraire, & faire voir à vos eſprits le riche & le pauure logez en meſme lieu? il n'y a remede puis que ie l'ay promis pour le ſixieſme Embleme de l'Euchariſtie, il n'eſt plus temps de reculer, ſi nous ſommes trop foibles demandons du ſecours. Pauure Mere des richeſſes du Ciel enrichiſſez à ce ſujet nos eſprits des lumieres & penſées neceſſaires.

SI tous les paradoxes choquent de prim'abord nos intellects, & les occasionnent de soupçonner les plus certaines verités de mensonges, aujourd'huy vn se presente à ma pésée qui me fait craindre que vos esprits non seulement le soupçōnét, mais le taxēt d'erreur. Les parens de Tobie l'ont autrefois voulu persuader quand ils dirent que toutes leurs richesses cōsistoiét en leur disette & pauureté, *Sufficiebat paupertas nostra vt diuitias computaremus*, mais depuis eux toute la terre a dementi leur sentiment : si les thresors estoient cachez dās la disette, & si les hommes le croyoiét, ils

Tob. 5.

ils aymeroient autant la pauureté, qu'ils paſſionnent les richeſſes, & ceux qui ont leurs coffres pleins d'argent ſe croyroient malheureux, comme au contraire ceux qui n'ōt ny maille ny denier, qui marchent nuds parmy les ruës, s'eſtimeroient les Bien-heureux du monde; mais puiſque ny les vns ny les autres ne conçoiuent ces penſées là, mais pluſtoſt les contraires, c'eſt vne marque qu'ils ne croyent pas que les richeſſes s'amaſſent dans vne pauureté: la nature n'auroit pas caché ſon or & ſon argent dans les entrailles de la terre crainte que l'on ne luy deſrobe, ſi la diſette en fourniſſoit ſuffiſam-

P

ment, les hommes ne fueroiĕt pas le sang & l'eau, ne singleroient deſſus les mers, n'entreroient pas vifs aux fauxbourgs des enfers pour foüiller aux minieres, s'ils eſtoient riches, quand ils ſont pauures, les richards enuieroient le bonheur de la condition de ceux qu'ils diſent pauures, & les pauures refuiroient le malheur des richards : les taxes des ayſez, les impôts, les gabelles nous feroient à deſcharge, & nous regarderions les Receueurs & Partiſans de ces ruineuſes inuentions, comme les amys de nos biens, & non pas comme les ennemys de nos felicitez, vous aymeriez & les voleurs & les larrons s'il y en

Eucharistiques. 227
auoient, & au lieu de leur procurer vn gibet, vo⁹ brigueriez leurs graces, puisque, si les richesses estoiét dans les disettes ils nous enrichiroient en nous appauurissant: mais puis que nous voyons par tous les coins du monde vn procedé tout autre, les esprits ne sõt pas disposés à embrasser cette croyance. S. Paul organe du grand Dieu, dõt les paroles percét iusqu'au cœur: a pensé deuant moy persuader ce paradoxe: disant, que ceux qui n'auoient rien possedoient réellement le tout, *Tã-* [2.cor.6.] *quam nihil habentes, & omnia possidentes*, il n'a pas toutefois imprimé dans nos cœurs l'amour du rien, & la hayne du tout: le Fils de Dieu mesme l'a

P ij

enseigné à ses Apostres, leur commandant de ne rien posseder, & voyager à la garde de Dieu, sans auoir vn liard dans la bourse: mais nous voyons aussi que le nombre de ceux qui les imitent est fort petit, & que souuent ceux mesmes qui les voudroient bien suiure, s'asseurent plustost à l'argent de leur bourse, qu'au soin de la Diuine prouidence.

Que si Messieurs, l'on ne vous peut persuader que les richesses de la terre ne se moissonnent pas dans leur priuation, n'estans à proprement parler que des biens en peinture, & qui n'ont rien que l'apparence d'agreable, estát suiettes à mille & mille risques, &

autant incõstantes dans la posfession, que la fortune qui les donne: ie preuois qu'il seroit beaucoup plus difficile de vous porter à croire que les richesses & les thresors du Ciel, qui sont des biens réels, & non hypocrites, peuuent estre dans vne extreme pauureté.

Si est-ce pourtant que la mesme lumiere qui m'en a donné la pensée, me force doucement à faire rouler tout ce present discours sur des preuues qui vous le feront croire, & contraindront vos esprits aussi bien que le mien, à dire & prescher hautement que les tresors du Ciel se retrouuent dans vne extreme pauureté de Dieu mesme, & ce dans le S.

Sacrement de l'Autel.

Dieu estant venu en terre pour nous porter au Ciel, & s'estant fait pauure pour nous enrichir, comme remarquent les Docteurs, il luy falloit vn Hospital pour sa demeure, & non point vn Palais, autrement il auroit dementy son dessein par ses œuures, & au lieu de paroistre en la forme d'vn pauure, il auroit ressemblé à vn Roy : mais personne ne doute que l'Eucharistie ne soit en terre la demeure de Dieu : l'estable n'a pas esté proprement sa demeure, le peu de temps qu'il y a demeuré m'empesche de le croire, & en sa vie deuant rouler en diuers lieux pour accomplir son di-

uin ministere, nous pouuons dire qu'il n'auoit point de seiour arresté, il n'y a que l'Eucharistie, qui soit à proprement parler, son vray seiour & sa demeure, puisque c'est-là qu'il demeure tousiours sans iamais en sortir, & partant c'est vn vray Hospital où Dieu habite comme pauure, ayant espousé vne fois nostre mortelle nature, il s'est chargé à mesme temps de toutes ses miseres: & pour monstrer que non seulement il les auoit en apparence, comme deuoient penser plusieurs, il nous en a laissé des marques, en naissant tremblant de froid & larmoyant; il a tesmoigné sa
P iiij

foiblesse en sa vie, mangeant, marchant, & se lassant, ses bassesses & infirmitez, & la mortalité, en sa mort; mais au S. Sacrement il a fait voir sa pauureté.

La pauureté d'vn homme ne peut pas mieux paroistre, que quand il marche habillé pauuremét, demande sa nourriture, & n'a point d'autre logis qu'vn Hospital, ces trois marques sont plus certaines pour reconnoistre vn pauure. Messieurs, Dieu au S. Sacrement est couuert & logé pauurement, voire il semble qu'il demande sa vie.

Premierement, les accidens du pain & du vin sont ce pas des haillons? quand vne estoffe est tout vsée & qu'il n'y reste plus que le fil qui se void & qui se rompt facilement, ce n'est plus qu'vn haillon que l'on destine aux pauures; icy les accidens demeurent seuls, il n'y a plus de substance, ce sont des pieces de rebut destinez pour couurir le pauure Iesus-Christ, & comme ils luy seruent de logement aussi bien que d'habit, si c'est vn pauure habit, ce luy est aussi vn tres-pauure Hospital: les bastimens qui n'ont que les parois & les mazures marquent la pauureté de ceux qui les habitent: le logis de mon Dieu dans le sainct Sacrement n'a rien que les parois exterieures des accidens

& des especes, qui ont moins de suppost & d'appuy que les plus foibles & ruineuses mazures.

Dauantage c'est-là qu'il demande ainsi qu'vn mendiant sa nourriture, car vous deuez sçauoir Messieurs, que le S. Sacrement encore qu'il soit vne viande, *Caro mea verè est cibus*, qui deuroit se conuertir en la substâce de ceux qui la mâgêt, plustost il a pouuoir de conuertir les ames en soy, & par ainsi les ames sont sa vraye nourriture, *Non ego mutabor in te*, disoit-il à S. Augustin, *sed tu mutaberis in me*. Cecy nous estoit figuré par la riche terre de promission, qui estoit vne terre deuorante, *Terra*

Aug.l.7. Confess. c.10.

quam lustrauimus deuorat habi- Num.13
tatores suos, telle est la terre
tres-fertile de Iesus-Christ
dans le sainct Sacrement, elle
deuore celuy-là mesme qui
la mange, ainsi que l'a dit Ieremie, *Qui comedunt te deuora-*
buntur. Que si cette viande Hierem 30.
deuore ses mangeurs, estant
donnée aux hommes pour
manger, de là vient que les
hommes sont sa vraye nourriture.

Et partant puis qu'il conuie les hommes à s'approcher de cette table, *Venite,*
comedite, inebriamini charissimi, Cant.5.
& que ses Predicateurs ne cessent de nous y exhorter, nous
pouuōs dire en quelque sorte
que là il demande son aliment,

& les Predicateurs qui exhortent à la Communion ne font autre chose que de dire aux Fidelles, donnez la nourriture au Fils de Dieu. C'est donc là qu'il est couuert de pieces de rebut, qu'il est logé dans l'Hospital, & qu'il demande comme vn pauure sa vie, & par consequent, c'est-là qu'il fait paroistre sa pauureté extreme; ainsi le disoit-il par son Prophete, *Ego autem egenus & pauper sum.*

Psal. 6;.

Et neantmoins, Messieurs, pour vous monstrer que i'ay raison, quand i'auance que les richesses du Ciel sont dans la pauureté, c'est-là que sont enclos tous ses thresors *Simul in vnum diues & pauper. In quo*

sunt omnes thesauri sapientiæ & Colos.2.
scientiæ Dei absconditi.

Comme vn Pere de famille possede deux sortes de richesses, les vnes consistent dans ses ameublements, son argent, & ses ioyaux, les autres sont ses terres, vignes, & heritages qu'il a dehors & és campagnes.

De mesme Dieu, grand Pere de famille possede deux sortes de thresors, les vns qu'il a chez soy, & les autres hors de soy. Ceux de dedans sont sa sagesse, sa science, sa iustice, sa prouidence & ses attributs adorables, comme dit le Prophete, *Diuitiæ salutis sapientia & scien-* Isai 33. *tia.*

Ce sont les ornemens & enrichiſſemens de la Diuinité qui le compoſent ſans compoſition. Les threſors du dehors ſont les biens temporels & ſpirituels qu'il départ & cōmunique aux hommes, *Omne donum deſurſum eſt, deſcendens à Patre luminum.* Or il eſt vray que ces deux ſortes de richeſſes ſont renfermées dans le S. Sacrement.

Iac. 1.

Les premieres y paroiſſét dãs leur plus grand éclat, & c'eſt pour cela que Dauid l'appelle vn memorial de toutes ſes merueilles, car ſes perfections diuines, ſes glorieuſes merueilles, y reluiſent dans toute l'intenſion de leur clarté.

Premierement, ſon amour y

Eucharistiques. 239

paroit dans toutes les ardeurs, comme vous auez veu dans mon premier Embleme, s'vnissant à l'homme par vne vnion autant estroitte qu'amoureuse, & c'est ce que Sainct Iean nous veut signifier quand il dit, *Cùm dilexisset* Ioā. 13. *suos, in finem dilexit eos.* Comme s'il disoit, ayant commencé l'ouurage de son amour pendant sa vie, il l'a acheué en sa mort, instituant ce precieux memorial, c'est là qu'il a donné le dernier coloris à son bruslant amour, *in finem dilexit eos.*

La iustice y est representée au naturel : peut-estre que vous n'auez pas encore pensé que c'est vn Sacrement de iustice aussi bien que d'amour, puis qu'estant vn amoureux bienfait, il semble ne pouuoir estre vn effet de iustice & d'obligation, neantmoins il y paroit autant iuste que bon & amoureux: car comme dit Tertullien, Celuy qui commence de bien faire à quelqu'vn, s'oblige à mesme temps, comme tacitement de continuer, & mesme d'augmenter ses faueurs; d'où vient que les Atheniens estimoient celuy qui faisoit autrement indigne de la reconnoissance: & tous les fauoris du Ciel, en ont pratiqué & fuiuy la maxime. Moyse ne se contenta point d'auoir tiré le peuple de l'esclauage Egyptien,

ptien, il leur feruit encore de conducteurs dans les deferts & folitudes, il leur impetra vne celefte manne, il fit fortir l'eau du rocher, il deftourna l'ire de Dieu lors qu'elle eftoit plus menaçante, & ne cessa de leur faire du bien, il falloit que la mort luy fermât ses liberales mains auffi bien que les yeux, & refroidit fa charité auec fes membres. Dauid ayant vne fois pris en affection Ionathas, luy en tefmoigna tous les iours de nouueaux & de plus grands effects. Elie ayant preferué de famine la vefue Sarepta, iugea que cette premiere faueur l'obligeoit à luy en faire de nouuelles, & qu'il falloit encore resusciter son Fils, pour nous monstrer qu'vn bienfacteur ayant vne fois commencé, deuoit poursuiure ses faueurs. C'est pourquoy les Israelites dirent fort bien à leur grand Conducteur, *Quare eduxisti nos de Ægypto, vt moreremur in solitudine?* Vous n'auiez que faire de commencer à nous faire du bien, si vous ne vouliez pas poursuiure. Cela estant presupposé, mon Dieu nous ayant de tout temps obligés; premierement, en la Creation en nous donnant le noble estre d'icy bas. 2. en plus la Iustification & Redemption, en se liurant pour nous vne fois à la mort;

Exod. 24.

puisque la mort ne l'a point appauuri; il deuoit suiure cette maxime, nous faire de nouueaux & de plus grands bienfaicts, partant nous laisser son sang & sa chair en viande, estant l'vnique bien-faict qui luy restoit à faire aprés les precedens : partant c'est-là qu'il paroit iuste aussi bien qu'amoureux.

Puis qu'il a pris la qualité d'vne mere nourrice, *Ego nutritius Ephraim ;* il nous doit nourrir de sa substance conuertissant son sang en laict, par vn artifice merueilleux de nature, & nous porter entre ses bras comme des petits nourrissons, & par-

Ose.11.

tant nous donner ce riche Sacrement, auquel nous suçons le sang du Fils de Dieu conuerti en laict delicieux par l'industrie miraculeuse de la grace. Ce Dieu d'amour ayant espousé nostre nature en l'Incarnation, & consommé ce diuin mariage sur l'arbre de la Croix, quand il dit, *Consummatum est*, d'où est venu la procreation de mille & mille enfans, & de tous les Fidelles qui ont esté engendrés par l'effusion du sang de nostre Pere sur cette Croix ; il falloit aprés cela qu'il nous nourrit & d'vne nourriture semblable à la vie qu'il nous auoit donnée, & cette vie estant diuine par la grace ; *Diuinæ consortes natu-*

2. Petr. 1.

ré, il estoit obligé de nous donner vn aliment diuin, & partant ce diuin Sacrement, où luy mesme est le delicieux morceau. Il est donc vray, Messieurs, que la iustice n'y paroit pas moins que son amour.

La sagesse y paroit admirable. 1. C'est vne marque d'vne grande sagesse, quand on guarit le mal par la mesme, où il a pris son origine; c'est pour cela que les serpens sont appellez sages, & prudens, d'autant qu'ayans receu vn coup de pierre en quelque part, si nous croyons aux rechercheurs des secrets de nature, s'en vont frotter la partie lesée contre quelque rocher, ainsi reçoiuent guarison remediant au mal, par cela mesme qui là fait.

C'est vne marque de sagesse de trouuer vn moyen de faciliter l'vsage de quelque chose necessaire, mais pourtant difficile, ainsi le Medecin paroistroit sage qui ayant à traitter vn humeur delicate, & qui ne peût souffrir l'aspect des medecines, la desguiseroit si agreablement, que sans luy oster & amoindrir sa force, il en feroit vne douce boisson.

Les belles ordonnances, les parfaits assemblages, & les vtils enseignemens, sont les vrayes marques d'vn sage entendement : vn Orateur est iugé sage par sa belle methode; vn Capitaine à ranger son armée mathematiquement; vn Musicien à assembler les parties de musique, & les lier entr'elles d'vn bel accord.

Or ie remarque toutes ces marques dans le sainct Sacrement. Premierement, ie vois en iceluy que Dieu nous a rendu la vie par cela mesme qui nous auoit tué, ça esté vn funeste morceau, qui a fait prononcer la sentence de mort; & c'est icy vn autre morceau qui fait donner la sentence de vie, *Qui manducat hunc panem viuet in æternum.* Ioan. 6.

Il a facilité l'vsage d'vn

breuuage de soy tres-difficile, mais necessaire à la vie de nostre ame. Vous sçauez que la manducation de la chair de Iesus, la boisson de son sang est necessaire à la vie eternelle, *Nisi manducaueritis, &c.* Vous sçauez encore comme l'vsage en est horrible: mais icy la Sagesse a esté si ingenieuse qu'elle a trouué & inuenté vn moyen adorable pour nous faire manger sa chair, & boire son sang; de telle sorte que tant s'en faut que ce soit vne action de cruauté, & de barbarie, mais plustost vne œuure de pieté & de religion. Il a fait comme l'abeille qui conuertit l'amertume du romarin en miel tres-agreable;

Eucharistiques. 249

à guise d'vne abeille mystique il a rendu son corps en ce sainct Sacrement, qui n'estoit propre à manger, comme vn doux rayon de miel, *De petra melle saturauit eos.* *Psalm. 80.*

En fin c'est-là dedans que ie lis ses belles ordonnances, ses parfaits assemblages, & ses diuins enseignemens, i'y vois vn ordre tout a fait rauissant, l'ayant donné aux hommes aprés ses promesses, & aprés tant de belles figures, l'ayant fait peindre à guise d'vn Soleil apres les phosphores & les aurores. I'y lis ses beaux enseignemens, ses leçons efficaces de toutes les vertus, d'amour, d'humilité, d'obeissance, d'esperance, de foy, & de toutes les autres. I'y vois encore vn parfait assemblage de Dieu auec la nature, car le corps du Fils de Dieu s'y retrouue en suitte de sa parole, son ame par suitte du corps auec sa Diuinité, & par ainsi la Diuine triade. Sa puissance y semble estre tout à fait espuisée : car si de tous les effects d'vne toute-puissance les transmutations tiennent le premier rang, d'où vient que Dieu la voulant faire paroistre a fait tousiours des changemens des natures diuerses? il changea la verge d'Aaron inanimée en vne verge florissante, la gaule de Moyse en serpent, le sable en moucherons, la femme de Loth en statuë de sel, les eaux d'Egypte en sang, l'eau de Cana en vin, tout cela pour donner des marques de sa toute-puissance, il faut croire que le Sainct Sacrement, qui comprend la plus merueilleuse des transmutations, en ce que les termes sont les plus esloignez estant infiniment distant, & infiniment plus que tous les autres termes de tous les changemens qui ont iamais esté faits & qui se pourront faire, puis qu'icy les deux termes sont le rien & le tout qui ne conuiennent en aucun genre, il faut croire, dis-je, que c'est le plus vif tableau d'vne toute-puissance : & en effet de quel costé qu'on le regarde, nous n'y voyons que des miracles, *ibi abscondita est fortitudo eius*, si bien, Messieurs, que par là nous voyons que les premiers thresors de Dieu sont là dépeints & renfermez comme dans vn beau magasin.

Abac. 3.

Et comme les seconds prouiennét des premiers, ce n'est pas de merueille si les premiers s'y retrouuent, les seconds y sont pareillement, & ie peux dire auec verité, que tous les biens spirituels & temporels que Dieu a iamais fait & qu'il pourroit encore faire, sont enclos là dedans.

Quand Esaü apprit que son frere Iacob auoit raui sa benedictiō qui estoit deuë au fils aisné, il s'en courut vistement pour en auoir vne autre, mais le bō vieillard luy dit ces mots que ie remarque à mon propos, *Frumento, & vino, & oleo stabiliui eum, & tibi, fili mi, post hæc quid faciam?* Mon fils i'ay garni vostre frere de froment, de vin & d'huyle, aprés que voulez vous que ie vous fasse? comme s'il vouloit dire, aprés auoir donné ces choses il ne me reste plus rien à donner.

Gen.17.

Messieurs, ie vois icy la mesme chose, & ie peux asseurer qu'apres ce Sacrement figuré par le vin, le froment & l'onction du sainct Esprit, duquel l'huyle porte le Symbole, Dieu ne peut nous faire dauantage, aussi si vous y prenez garde, tout ce que portoit la benediction qu'Isaac donna à Iacob, est compris d'vne façon toute eminente dans le sainct Sacrement : *Det tibi Deus de rore cœli & de pinguedine terræ abundantiam frumenti & vini, & seruiant tibi populi, & adorent te tribus : esto Dominus fratrum tuorum, & incuruentur ante te filij matris tuæ : qui maledixerit tibi, sit ille maledictus, & qui benedixerit tibi, benedictionibus repleatur.*

Gen. 27.

Surquoy il est à remarquer que tous les biens imaginables sont compris dans ces paroles, les biens de la fortune dans la rosée du Ciel & graisse de la terre, les honneurs dans les hommages & adorations, les amys dans les souhaits de benedictions. Mais ne voyez vous pas la mesme chose dans le Sainct Sacrement? la rosée du Ciel y est-elle pas? le Fils de Dieu est vne rosée, les Prophetes le demanderent en cette sorte, *Rorate cœli.* Aussi la rosée est vne eau, qui est pourtant distincte de la pluye, & le Fils de Dieu est semblable à son Pere, fontaine de la Diuinité ; la rosée tōbe le matin, & le Fils de Dieu *ante luciferū genitus*, vous voyez donc la rosée. La graisse de la terre, du vin & du froment, qui sont les termes *à quo* de la trāsubstantiation. Les honneurs & adorations s'y récontrent-ils pas ? iamais les hommes n'ont tant honoré Dieu que dans l'Eucharistie, c'est-là qu'ils flechissent le genoüil, qu'ils sont le teste nuë, & qui tesmoignent leurs hommages & leurs soubmissions. De plus il est le maistre de ses freres, le premier de tous les Sacremens & le plus adorable, & ceux qui le maudissent, comme Caluin, & tous ceux de sa secte, sont chargez de maledictions, & ceux qui le benissent, de benedictions. Si donc Isaac disoit à son fils Esaü qu'aprés auoir donné ce qu'il auoit donné à son frere Iacob, il ne luy restoit rien; Dieu en peut dire autant dans le le S. Sacrement, & si Dieu n'a plus rien à donner, faut il pas auoüer que c'est-là le thresor de ses graces, le magasin de ses richesses, & le reseruoir de tous ses biens? C'est pour cela qu'il l'appelle aussi son testament, *Nouum testamentum est in meo sanguine.* Celuy qui teste donne en testant tout ce qu'il a à ceux qu'il constitue ses heritiers, nous sommes les heritiers de Iesus-Christ, le S. Sacrement est son testament, c'est partant là qu'il nous donne & communique tous ses biens.

Dans la creation du monde, Dieu ne se reposa point qu'aprés qu'il eut orné de tous les auantages possibles ce riche & precieux chef-d'œuure, & la derniere piece de ce grād ouurage, fut l'homme, qu'il fit comme vn abbregé, & vn recueil de toutes ses merueilles; il en a fait le mesme en sa recreation ou reparation, il ne s'est point reposé qu'aprés auoir acheué ce grand œuure, & sa derniere piece fut le sainct Sacrement, marque que c'estoit le comble & l'abbregé de tous ses biens, puis qu'il s'est comporté selon le sentiment des Peres au second œuure de la mesme maniere qu'au premier: aussi comme Dieu se reposa le iour septiesme, & dit que tout estoit bien fait, aprés auoir fait l'homme; ainsi le Fils de Dieu se reposa entre les bras de la Croix, & dist, *Consummatum est*, que tout estoit paracheué, aprés qu'il eut institué ce Sacrement, qui est pourtant le comble, le dernier coloris, & la derniere main de toutes ses merueilles, *In quo sunt omnes scientiæ & sapientiæ Dei thesauri absconditi.* Aduoüez donc, Messieurs, auec moy, que les richesses du Ciel se trouuent dans vne extreme pauureté, *Simul in vnū diues & pauper*, & qu'au S. Sacremét est le riche & le pauure; & de là, Messieurs, si vous voulez, vous tirerez vn bel enseignement.

Puis qu'il est là pour se dõner à nous, il falloit qu'il fut riche & pauure tout ensemble, il est riche pour nous porter aux

volontés & aux desirs de nous
approcher de luy dans la veuë
d'obtenir quelque bien, il y
est pauure, pour vous dire que
si vous voulez auoir quelque
chose du sien, il faut que vous
donniez quelque chose du vostre, car les pauures ne donnent rien pour rien. Si vous
desirez donc Messieurs, qu'il
vous enrichisse de ses biens,
qu'il vous donne vne flamme
de son amour, vn esclat de sa
iustice, vn rayon de sa sagesse, vn eschantillõ de sa puissance, vn regard de sa prouidence, vne goutte de sa rosée,
autant de son vin, vn grain de
son froment, tant soit peu de
son huyle, en vn mot si vous
voulez auoir l'entrée dans ses

thresors pour en puiser à volonté, il faut qu'au prealable vous enrichissiez sa pauureté de vos biens propres, il n'a point d'habit que des haillōs, point de logis que des parois, comme vous auez veu, donnés luy des vestemens, bastissez luy vn logement plus glorieux qu'vn Hospital. Pensez-vous point Messieurs, que voulant demeurer auec nous à nostre mercy & discretion, il a choisi de foibles especes pour vestemens, en pouuant choisir d'autres plus nobles & plus cōsiderables, pour nous donner moyen de luy rendre quelque deuoir, en prenant du soin de l'orner & reuestir comme il merite, & c'est toutefois à quoy l'on pense peu dans ce siecle present où nos magnificences ne paroissent rié moins que dessus nos Autels? O, Messieurs, que d'abus ie cōnois en ce point! il y a des lieux où l'on fait seruir sur nos Autels des linges & des draps qu'on ne voudroit pas prendre pour nos vsages ordinaires, où les Calices sont tenus plus sordidemét que les plus chetifs vases des plus frequentez cabarettiers, & quand ie parle aux Prestres qui souffrēt & tolerēt ces indignités au mespris de Dieu & au scandale de tous les hommes, ils me donnent leur pauureté pour leurs excuses : he quoy, l'honnesteté & netteté s'accorde bien auec la pauureté, & puis ces pauures Prestres, du moins qui se diét pauures, trouuent bien assez pour traitter leurs amys, pour ioüer, & pour faire autre chose quelquefois plus blasmable, & ils souffrirōt leur Dieu dessus des corporaux plus noirs que mon habit, ie voudrois voir si les chemises qu'ils portent sont si noires & si sales. Ha, Messieurs, quiconques estes coulpables de ces crimes, & qui traittez vôtre Dieu plus indignement qu'vn pauure de Hospital, au lieu d'enrichir sa pauureté, suiuans ses desseins vous la faictes plus grande, ce n'est pas le moyen d'estre enrichis de ses thresors, & qui pis est sortât du literal pour entrer au moral, au lieu de luy edifier vn riche baſtiment dans voſtre cœur & dans voſtre ame, vous ne luy preſentez que des mazures, où les araignées de mille ſortes de pechez ourdiſſent leurs toiles à plaiſir, vous luy preſentez vne maiſon qui n'a plus de couuert, où il pleut par tout qui eſt vn repaire public de canailles, où les chevrons ſont to⁹ briſez, les poultres pliées, les ſoliueaux pourris, les meubles emportez, les feneſtres rompuës, les portes enfōcées, ie veux dire vne ame qui a l'étendement obſcurci, la volonté deſreiglée, & toutes ſes puiſſances alterées : ha cheres ames vous le traitez comme pauure, il l'eſt auſſi, mais vous le prenez mal, les pauures ne sont pas presentez aux riches pour fomenter leur pauureté, mais pour y subuenir. Et que pouuez vous esperer apres ces indignes traittemens, sinon que ses thresors vous seront fermez, quand vostre pauureté en aura besoin, puis que les nostres luy sont refusez, lors que sa pauureté les demande: de la mesme façon que vous vous comporterez enuers luy, comme pauure, pour adoucir sa pauureté, de la mesme il se comportera à nostre égard pour soulager la nostre. Si vous luy offrez vos thresors, il ouurira les siés: quád il estoit dans vne estable en sa naissance, il n'enrichit point les Mages de mille dons celestes qu'ils remporterent en leur pays, qu'aprés auoir receu de leurs mains, l'Or, l'Encens, & la Myrrhe, qui estoit ce qu'ils auoient de plus riche & de plus precieux: Ne pensez pas aussi qu'au sainct Sacrement, où il s'est logé plus vilement que dans l'estable, nos corps estans mille fois plus sales & vilains, il communique ses richesses, qu'aprés que vous aurez communiqué les vostres; ce n'est pas que dans la pauureté volontaire il aye besoin de vos secours, mais c'est pour exiger de vous quelque deuoir qui l'oblige à vous faire du bien. Dieu n'auoit que faire des sacrifices d'vn Abel,

Eucharistiques. 267

il les vouloit pourtant pour luy donner sa benediction. Faites donc quelque chose pour Dieu, il ne demande pas beaucoup, il se contenteroit des superfluitez, dõt vous parez vos corps. O combien nos actions nous condamnent! il n'y a personne d'entre nous qui ayant le fils d'vn Roy en sa charge, ne prist vn soin particulier à le parer, orner, & embellir.

Et voyla nostre Dieu, nostre Roy, qui s'expose publiquement sur nos Autels tout nud, dans de simples accidens, il se met particulierement à la garde, à la charge des Prestres, & l'on le mesprise, l'on en fait pas plus d'estat que d'vn homme de poussiere; les Prestres s'excusent sur la Paroisse, les Parroissiens sur les Prestres, & les vns & les autres ont assez de quoy pour faire des superfluitez : Allez, allez, vous deuriez rougir de honte, ou ne paroissez plus dans les Eglises, ou soyez plus à Dieu, que ie prie d'oublier le passé, & de vous faire sages à l'aduenir.

L'ANTIDOT
DANS LE VENIN,
AV
SAINCT SACREMENT
de l'Autel.

EMBLEME SEPTIESME.

Fecit ergo Moyses serpentem æ-neum, & posuit eum pro signo; quem cùm percussi aspicerent, sanabantur. Num. 21.

Moyse esleua vn serpent d'airain, comme vn signal, qui estant regardé guarissoit les morsures faites par les viuás serpés dans le desert. *Nõb.21.*

LES Hebreux murmurans autrefois, contre leur bienfacteur, furent iustement punis de leurs iniustes plaintes par la morsure des serpens ignées que le Ciel commanda à la nature de produire comme des instrumens de ses iustes vengeances; mais la priere de Moyse ayant appaisé sa colere, obtint de Dieu mesme vn remede pour guarir les blessez, & le remede estoit vn serpent d'airain qu'il esleua dans le desert, à mesme temps que l'on le regardoit à mesme temps l'on guarissoit, vn serpent faisoit le mal, & vn serpent donnoit la guarison, Sans doute cette merueille n'estoit qu'vne figure de ce que ie descouure au tres-saint Sacrement; c'est vn serpent qui mord les criminels de leze majesté diuine, mais qui guarit ceux qui le regardent & s'en approchent repentans de leurs fautes, c'est vn serpent qui enuoye iusques au cœur vn tres subtil venin à ces ames ingrates des celestes faueurs, mais qui sert d'Antidot à celles qui reconnoissent ses bien-faits: pour dire tout, il est Antidot & venin, c'est le septiesme des Emblemes que le pinceau miraculeux de nostre Dieu y a voulu dépeindre. Vierge saincte, iardin enclos de vôtre Espoux, qui auez long-temps caché dessoubs vos fueilles ce serpét, & qui l'aués appriuoisé, côme encores voꝰ faites toꝰ les iours, de peur qu'estát si souuét irrité par nos crimes, il n'eslance le perçant aiguillõ de sa cholere, mais plustost qu'il nous recréé de la douceur de sa misericorde, vous pouuez nous descourir tous les secrets de ce septiesme Embleme qui nous depeint l'antidot au venin, puis que vous l'auez manié si long-temps.

Ie vous demande humblement cette grace.

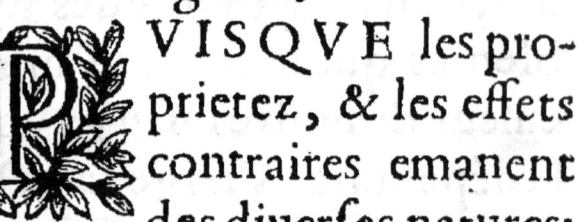PVISQVE les proprietez, & les effets contraires emanent des diuerses natures: la chaleur est causée par le feu, le froid par l'eau, les charmes sortent des beautez, & les horreurs des difformes objets; il semble qu'vne mesme nature doit

doit toufiours produire vn mefme effect, le feu fes chaleurs, l'eau fes froideurs, & ainfi de toutes les autres en general & en particulier, l'on a pas encore veu le feu, tantoft nous brufler de fes flammes, aprés nous caufer des rafraichiffements, chaque proprieté eft fille d'vne effence, n'en connoit point deux pour meres legitimes, & ne veut point de freres qui ne luy foient femblables, le fec n'admet point dans la maifon de fes parens de côpagnons humides, le blanc a vn trop beau vifage pour fortir de mefme race que le noir, s'ils n'auoient qu'vne mere, il y auroit plus d'affinité entre

S

ces deux merueilleux masques de nature. Il est de toutes les productions, comme de celle des humains, nous connoissons tousiours quelque air sur les visages des freres & des soeurs qui marquēt vne méme naissāce, ainsi dās les effets d'vne mesme nature, nous deuōs apperceuoir des ressēblances, & quand cette marque ne paroit pas dans les effets, ils n'ont point d'affinité ensēble.

Partant comme oseroit-on dire, que l'antidot, & le venin, qui ont des traits & des lineamens si differens en leurs visages, sortent des reins & des flancs d'vn mesme pere, & d'vne mesme mere? Comme oseroit-on croire, que le cousteau qui donne le coup de la mort, à mesme temps donne la vie ?

Ie sçay bien que les plus veneneux animaux portent dans leurs entrailles & l'antidot & le venin; Le crapau a vn poison tres-dangereux dans ses aquositez, mais il a pareillement vn sel, qui est vn souuerain contre-poison. Plusieurs sçauent par experience que la poudre impalpable de ce vilain animal calciné, porté dessus le cœur dans vne bourse, preserue de la peste & des plus contagieuses maladies, voire mesme qu'estant prise moderément par la bouche, chasse les pestes & les poisons, conforte l'estomach, & produit plusieurs autres salutaires effets. La vipere est assez conneüe pour auoir du venin dans la dent, & dans son aiguillon, sa morsure est des plus malignes entre les plus mortelles, mais sa chair fait la meilleure partie de nostre theriaque. Le Scorpion par sa picquure fait vne playe qui peut causer la mort, mais il nous donne vne huyle pour remede. L'araignée est des plus venimeux entre les animaux, mais estant petrifié par vn gentil & secret artifice, elle deuient vn antidot vniuersel, il n'y a venin qu'elle ne chasse, peste qu'elle n'esloigne, & morsures ausquelles elle ne soit vn souuerain remede; ainsi les mesmes choses ont du venin & du contrepoison.

Mais aussi, si vous y prenez garde, ces deux differentes vertus resident en diuerses parties de leur corps, & nõ point en la mesme, & comme les corps organisez exigent des parties differentes, les vnes froides, les vnes chaudes, & les autres humides, ce n'est pas de merueille qu'ils ayẽt en icelles des qualitez contraires, mais qu'vne mesme chose soit veneneuse & salutaire, soubs vn mesme respect, c'est vn meslange que la nature ne peut faire.

Vous croirez donc, Messieurs, que ie mets en auant vn nouueau paradoxe, vous proposant l'antidot au venin, mais aussi prenant la patience de peser mes raisons, vous connoistrez que cette merueille est cachée diuinement au tres-sainct Sacrement de l'Autel: c'est le septiesme de nos deuots & curieux Emblemes.

Les plus subtils, & les plus sages entre les Philosophes, discourans de leur pierre, ou Elixir Philosophal, enseignēt que c'est le plus subtil & le plus dangereux entre tous les poisons auant sa preparation, & aprés le plus souuerain entre tous les remedes, iusques là qu'ils asseurent qu'à son égard nous n'auons point de maladies incurables, qu'il guarit tres-aisément les plus malignes, & toutes celles qui

Eucharistiques. 279
peuuent affliger noſtre corps, pourueu que l'organe ne ſoit point alteré, car en ce cas ſes effets ſeroient ſurnaturels, & ſon pouuoir miraculeux : & à raiſon de ſes nobles effets, eſt nommé le grand ouurage de nature. Dieu a reuelé aux hommes ce ſecret, pour ſucceder, & comme en contr'-eſchange du riche arbre de vie, que le peché de noſtre Pere a fait abbatre : auſſi remarque ie que comme le Ciel ne l'auoit planté que pour l'innocéce, ainſi iamais il ne reuele ce grand œuure qu'aux ames innocétes & qui n'ont point de penſées aſſez noires, pour en prophaner l'vſage, & abuſer de ſes richeſſes.

Messieurs, iettant les yeux sur le tres-sainct Sacrement de l'Autel, il me vient en pensée qu'il est dans l'estat de la grace, ce que la riche pierre des Philosophes est en celuy de la nature, c'est le grand œuure de la grace, qui estant pris sans preparation, est de tous les venins de l'ame le plus pernicieux, & estant pris aprés est vn remede vniuersel à tous ses maux, il est aussi le Sacrement pour les viuans, & non point pour les morts.

Premierement, il est le plus subtil de tous les venins, & i'oseray dire qu'il est celuy dont parle le Prophete, *Venenum aspidum sub labiis eorum.* Ce celeste morceau

Psal. 13.

estant sur les levres d'vn infame pecheur est vn venin d'aspic, c'est à dire le plus aigu, & le plus mortifere.

Puisque tous les pechés mortels sont les poisons de l'ame, dautant que tous luy causent vne funeste mort, *Anima quæ peccauerit ipsa morietur*, & que le sacrilege est le plus grand, en tant qu'il deshonore Dieu auec plus de mespris & d'insolence, & qu'il est opposé à la religion la plus noble, & la plus generale de toutes les vertus: Nous ne pouuons douter que la somption de la chair de Iesus dans l'Eucharistie sans preparation & disposition, ne soit son plus cruel venin, estant le plus horrible entre les sacrileges, puisque celuy qui mange ce pain delicieux des Anges en estat de peché, non seulement traitte les choses sainctes & sacrées auec irreuerence, mais encores la fin, la source, l'autheur & maistre de toute saincteté, mariant contre toutes les loix la lumiere auec les tenebres, & Iesus auec Belial, non seulemét il iette dans la bouë les vestemés royaux, il loge le prince mesme sur vn puāt fumier, nō seulemét à guise d'vn autre Baltazar, il manie indignemét les vases sacrés du téple du Seignr, voire mesme il en fait impudément vn objet de ses indignités, & par ainsi commet le plus enorme de tous les sacrileges.

Euchariſtiques. 283

Entre tous les triſtes ſujets qui tirerẽt autrefois les larmes des yeux du pitoyable Ieremie, celuy de voir les pierres du ſanctuaire eſparſes par les ruës, foulées aux pieds de tout le mõde, luy preſſoit plus viuement le cœur, & luy ſembloit le plus inſuportable, c'eſtoit vne figure de ce que ie vo⁹ dis. Entre tous les crimes & ſacrileges qu'vn homme peut commettre dans ſes plus grandes impietez, celuy qui traitte indignemẽt le Fils de Dieu pierre viue du Temple, *Petra autem erat Chriſtus*, & qui le foule aux pieds par ſes irreuerences, *Hoc peccato cõculcatur corpus Domini*, eſt le plus criminel, & partãt eſt le plus grand venin de l'ame.

S. Amb: Ser. de Euch.

Tous les pechez sont ses venins, & tous le blessent d'vne mortelle playe, il y a pourtant quelque remede à leurs picquures, & tous ne portēt pas en queüe la marque de reprobation, le chien guarit ses playes en se lechant, & le pecheur n'a qu'à lauer de ses larmes ses mortelles blessures pour trouuer guarison, *Quoties ingemuerit peccator, impietatum eius non recordabor amplius*, le pardon que Dieu promet aux larmes du superbe, du voluptueux, de l'auaricieux, empesche qu'ils ne portent auec eux cette cruelle marque de condemnation : mais certes i'oseray dire que celuy qui approche indignement de cette table porte defia deſſus le front la marque d'vn damné. De tout temps les ſacrileges ont eſté inſupportables aux yeux du Ciel, & ſa bonté qui ſemble deffendre, & s'oppoſer touſiours aux chaſtimens de ſa iuſtice, l'a laiſſé faire quand elle a voulu punir ſemblables criminels; Baltazar Roy de Babylone en portera à iamais teſmoignage: Cōment pourroit-elle donc ne point punir le plus grand de tous les ſacrileges? la bonté infinie de mon Dieu qui luy oſte ſi ſouuent les foudres de la main ne ſonne mot: s'il veut punir le ſacrilege, c'eſt vn grand preiugé qu'il eſt indigne de pardon, & que luy meſme ſe noircit & ſe marque du tau de reprouué.

Les Peres authorisent par l'Escriture cette mienne pensée, l'Eglise mesme qui ne fait rien que par de diuins moumens, les excommuniant, les priuant de ses Suffrages, les retranchans comme membres pourris, fait voir que par ce retrāchemét en terre, il sōt peut-estre retranchez du nombre des esleus. Il chassa du temple les vendeurs & acheteurs de marchandises qui profanoiét par leur trafic, ce lieu de prieres; & il ne permet pas qu'vne ame sacrilege, & qui profane ses mysteres sacrés, entre iamais dans ses temples & tabernacles eternels. Or si tous sacrileges ostét en quelque ma-

Euchariſtques. 287
niere l'eſpoir de nos ſaluts, à plus forte raiſon celuy qui ſe commet cōmuniant indignement. Meſſieurs, quand nous voyons vn hōme profaner aiſément les choſes ſaintes, aller hardimēt à l'Autel auec ſes crimes & ſes ordures, nous pouuons aſſeurer auec fondement qu'il ſera vne funeſte victime de l'éfer, & que les plus beaux coups du Ciel ne ſōt point trop forts, pour en faire vn eſleu.

C'eſtoit ſans doute la penſée de S. Chryſoſtome, quand il diſoit : *Si Deus cōtaminatus fuerit in nobis, ipſe quidem in ſua natura incontaminabilis manet, tamen contaminationis ſua iniuriam grauiter noſtro vindicabit interitu.* Et ailleurs au ſermon

Hom. 14. oper. imperſ.

de la trahison de Iudas: *Iste spiritualis cibus si aliquem repererit malignitate pollutum, eum perdit non sua natura, sed accipientis vitio.* Par où vous pouuez voir qu'au sentiment de ce Docteur, cette irreuerence ne se punit que par la mort, & que la perte de l'ame coulpable de ce crime, est son plus iuste chastiment. Sainct Paul le plus clair organe du Ciel, nous le fait asse connoistre quand il dit; Que celuy qui mange ce pain & boit ce sang indignement, mange & boit son iugement & condemnation : les autres pecheurs escoutent leur sentence auant que de mourir s'ils ne renoncent aux pechez, mais celuy cy l'auale:

cy l'auale: pour nous monſtrer que pour les autres il y a quelque eſperance de pardon, mais que pour celuy-cy, le dez & le ſort eſt ietté : ſi l'on vous dit d'aualer le poiſon en chaſtiment de voſtre crime, vous pouuez encore racheter voſtre vie, & obtenir grace du Prince; le poiſon n'eſt que dans le Calice, mais lors que vous l'auez beu ou mangé, il faut ſe reſoudre à la mort, & d'eſperer aprés la vie, ce ſeroit vne folle penſée. La ſentence d'vne mort eternelle eſt vn rude morceau, quand le Ciel la prononce aux pecheurs, pour chaſtiment de leur offenſe, ils peuuent encore par de ſaints artifices appaiſer & addoucir

T

le Iuge. L'humilité d'Achab a autrefois operé cette merueille, *Nunquid vidisti humiliatum Achab coram me, &c.* Mais quand vne fois elle a frappé le cœur aussi bien que l'oreille, quand ce n'est plus vne menace, la mort s'en suiura sans resource. Or celuy qui cōmunie indignemēt, n'escoute pas seulement sa sentence de condemnation, mais il l'auale, dit S. Paul, c'est pour nous dire qu'il est mort, & que desia dés cette vie il en porte les marques, & en reçoit les arrhes d'asseurance, *Qui enim manducat & bibit indignè, iudicium sibi manducat & bibit*, que s'il est mort sans esperance & sans remede, qui ne voit que ce sacré

morceau pris irreueremment,
est le plus vif, le plus subtil, le
plus mortel poison de l'ame?
Puis qu'il est vn alimét donné
du Ciel pour nourrir & sustanter nos ames: *Iste est panis quem
dedit Dominus ad vescendū,* n'estans point disposées à sa reception, ce leur est vn venin : car
cóme la viáde du corps est nuisible aux estomachs cacochymes, & chargez de mauuaises
humeurs, ainsi dit S. Ieā Chrysostome, ce celeste morceau
tuë & blessé les ames, qui sont
remplies d'ordures, & abondét
en habitudes vicieuses. *Sicut
enim cibus naturaliter nutritor existens, si in eū qui prauis cibis corruptus est, incidat, omnia perdit &
corrūpit, & efficitur occasio morbi,*
T ij

sic etiam ista quæ ad hæc terribilia pertinent Sacramenta.

Puis qu'il est encore leur medecine, aussi bien que leur aliment, l'vsage en est pernicieux, s'il n'est pris par regime, celuy qui prend la medecine sans garder la chābre, & autres regimes ordonnez, fait plus de preiudice à sa sāté, que s'il n'en prenoit point, & souuent au lieu de procurer vne plus longue vie, trouue vne mort precipitée. Il est de mesme de ces ames qui mangent la chair & boiuent le sang precieux de Iesus sans disposition, c'est vn bolus & vn breuuage salutaire, ordonné par vn celeste medecin, pour guarir toutes leurs maladies, l'auallant sans regime, à mesme elles aualent le morceau de la mort, *Iudicium sibi manducat & bibit.* S. Augustin dit-il pas en termes exprés, qu'il a esté vn venin à Iudas, *Nonne buccella Dominica venenum fuit Iudæ?* Il est donc vray, qu'ainsi que l'Elixir des Philosophes, estant pris auant sa preparation, c'est vn mortel poison de l'ame; mais aussi estant pris & receu dignement, il est son antidot souuerain, encores que depuis sa premiere blessure, qu'elle receut au Paradis Terrestre en la personne de nostre premier Pere, elle soit sujette aussi bié que son corps à mille maladies differentes, ie n'en vois pourtant point que

Tract. 26. in Ioann.

ce morceau du ciel pris dignement ne chasse & ne guarisse. Dieu Createur tout amoureux auoit fait l'hôme sain en l'ame, côme au corps, mais luy côme le plus cruel ennemy de soy-mesme, s'est enlacé dãs les rets & lacets de toutes sortes de miseres; & comme dans l'estat d'innocence, il estoit sain par tout, il est aujourd'huy vniuersellement malade.

Dans ce premier estat il estoit éclairé en son entendement de plusieurs flambeaux, sa volonté auoit vne inclination tres-forte pour le bien, le corps & l'ame estoiét en parfaite concorde, l'ame commandoit auec douceur, & le corps obeysssoit auec plaisir, toutes ses passions estoient de glorieux instrumens pour embrasser & suiure la vertu, mais aujourd'huy tout est changé par vn desastre, son intellect ne voit gueres plus qu'vn aueugle, sa volonté n'ayme le bien qu'auec peine, & quand elle le veut, c'est pour le perdre à mesme temps ; son ame n'a plus d'empire sur le corps, & au lieu de receuoir de luy des hómages & des soubmissions, elle ne trouue plus que des mutineries, & des rebellions, mesme ses auantages luy sont pernicieux, puisque ses passiós ne luy seruét pl⁹ que de poignard pour la tuer, ses amours l'enseuelissent dans la terre au lieu de la porter au Ciel, ses plai-

T iiii

sirs sont en la creature, au lieu d'estre logez au Createur, ses douleurs ne sont point pour la perte du bien, mais plustost pour l'absence du mal, ses craintes sont de quitter quelque bien apparent, & non de s'esloigner du veritable, ses esperances aboutissent à la possession d'vne vaine beauté, sa chaleur ne s'allume que pour son interest particulier, & non plus pour celuy de sõ Dieu: En vn mot toutes ses passiõs ne sõt plus des auãtages de sa vie, mais bien les plus cruels instrumens de sa mort, de sorte que celle qui se resiouyssoit dans les bonheurs d'vn Paradis, est forcée de pleurer icy bas, comme vn malade d'Hospital.

Mais il est vray aussi, Messieurs, que comme vn funeste morceau la reduit en ce piteux estat, vn autre a le pouuoir de reparer toutes ses pertes, & si le fruict d'vn arbre du Paradis a esté le venin qui l'a empoisonné, vn pain d'vn plus sacré paradis est l'antidot à tous ses maux.

S. Amb. libr. de Sacram. Qui vulnus habet, medecinam requirit, vulnus est quia sub peccato fumus: medecina est cœleste & venerabile Sacramentum.

Premierement, il oste la cataracte de ses yeux & plus miraculeusement que le fiel du poisson de Tobie, la guarit de son aueuglement. Le Prophete qui sçauoit tous les secrets du Ciel n'a point sceu de meilleur remede pour guarir les aueugles, puisque parlant à ceux ausquels la malice auoit poché les yeux de l'intellect, il leur ordonne de s'approcher de celuy qui est & qui compose ce delicat morceau ; *Accedite ad eum & illuminamini*. Pecheurs, vous estes tous aueugles, l'ignorance qui vous accompagne inseparablement quand vous pechez, le fait assez cōnoistre, alez vous en à ce celeste medecin, & soyez esclairez, il ne dit pas vous serez esclairez, mais soyez esclairez, *illuminamini*. Pour nous monstrer qu'entre la sōption de ce morceau, & la guarisō il n'y a point de delay, & qu'à mesme tēps que l'on le prend, à mesme temps l'on cesse d'estre aueugle, le remede est si prompt, si efficace & si actif, qu'il n'est pas plustost

Omnis peccans est ignorans.

dans nostre bouche, qu'il agit sur les yeux pour en leuer les tayes & cataractes, *Accedite ad eum & illuminamini.* Et ailleurs dit-il pas, *Gustate & videte quoniã suauis est Dominus.* Goustez & voyez combien le Seigneur est suaue : il fait marcher d'vn pas égal la veüe & le gouster; voulant signifier que ce morceau diuin est vn infaillible remede pour esclairer l'entendement : la pierre que l'hyrondelle sçait choisir dans la mer, instruitte de la nature, rend la veüe à ses petits poussins. Le Fils de Dieu est vne pierre, *Petra autem erat Christus*, prise dans la mer de l'Eglise aux vaisseaux de nos Temples, elle a le mesme pouuoir pour la veuë de nos ames. Les Disciples qui alloient en Emaüs estoient de pauures aueugles és mysteres diuins, & mesme ils ne connoissoient pas celuy qu'ils auoient si souuent veu prescher aux peuples, faire des miracles, & operer mille merueilles, *Oculi eorum tenebantur, ne eum agnoscerent.* Mais quand ils eurent reçeu le pain de la main du Sauueur, *Aperti sunt oculi eorum, & cognouerunt eum*, leurs yeux furent ouuerts, & conneurent leur Seigneur. Peut-on Messieurs, auancer vne plus grande preuue pour mõstrer que ce diuin morceau est ce collyre precieux qui a pouuoir de ré-

Luc. 24.

dre la veuë aux ames que les vaines beautés ont fascinées, les poussieres des honneurs ont aueuglées, & les espines des pechez ont creuées?

Secondement il change les peruerses inclinations de la nature corrõpuë en des amours par la vertu, cõfirme sa volonté dans la suitte du bien, & allume en icelle autant de desirs pour le bien, que de hayne pour le mal.

Innoc. de Sacr. Per Eucharistia Sacramẽti eripit nos à voluntate peccandi, nam Eucharistia si digne sumatur, à malo liberat, in bono cõfirmat, venialia delet, mortalia cauet.

Les Chrestiens de la primitiue Eglise sortoient de cette table terribles aux demons, dit S. Iean Chrysostome, & partant puisque riẽ n'espouuante les demons que les poursuittes de la vertu, & les sainctes horreurs du mal, il faut que ce sacré morceau redresse nôtre volonté & y allume des amoureuses flammes pour le bien, & puis que son principal effet est l'vnion de l'ame auec Iesus-Christ, comme declarent ces paroles, *Qui manducat meam carnē, & bibit meum sanguinem, in me manet & ego in illo*, & que cette vniō se fait par la puissance de l'amour, qui fait que l'amant n'a point de passions ny de desirs que pour l'obiet qu'il ayme, & conforme tellement sa volonté à celle de cét objet, qu'elle ne suit point d'autres mouuemens en toutes ses actiōs. De là vient que le S. Sacrement a la vertu de guarir la volonté de l'homme, la retirant des affections des creatu-

Eucharistiques. 303

res, la portant au Ciel, & la deifiant en quelque sorte, & par cette merueille i'en reconnois vne autre qui guarit la principalle cause de nos maux, sçauoir nos foiblesses & incõstances dans le bien : la maladie du peché nous a laissé en l'ame vne si grande foiblesse, que nonobstãt la guarison par l'entremise de la grace, nous nous trouuõs à chaque pas dans des recheutes dangereuses, & plus qu'vn febricitant sortant de son accés, nous chancelons au moindre vent contraire, iusques là : *Quod volo bonũ hoc non ago*, ce disoit S. Paul, que le biẽ mesme que nous voulons nous ne le pouuons faire, & au rebours nous faisons facilement le mal que nous fuyons, c'est vn fascheux reliqua de la maladie causée par le peché; mais comme nostre celeste medecin est descendu du Ciel pour nous guarir, il ne s'en est point voulu retourner sans nous ordonner vne potion cordiale, pour reparer nos forces & guarir nos foiblesses; nous la trouuons, Messieurs, sur nos Autels, donnée aux Prestres en depost. Aussi saint Cyprian pour empescher que les Chrestiens, qui par la crainte des tourmés auoient faussé la foy à Iesus-Christ, ne luy fissent vne autrefois le mesme tort, quand les Demons commencerent à exciter contre l'Eglise des orages nouueaux, il les faisoit assembler dans les Temples,

Temples, & commandoit à vn chacun de s'armer non pas de glaiues & de cuirasses, mais du tres-fort bouclier du Sacrement des Sacremens, sçachant que le Ciel n'auoit pas ordonné vn remede meilleur à toutes nos foiblesses. Certes puis qu'il nous rend tout amoureux de Dieu, & que l'amour est fort comme la mort, il est certain qu'il guarit nos foiblesses. *Fortis vt mors dilectio Cant. 8.*

Dauantage il remet toutes nos passions dans le premier ordre que Dieu les auoit mis dans l'estat d'innocence: au temps glorieux de ce premier estat les passions de l'homme estoient de beaux instrumens auec lesquels comme vn riche ouurier il pouuoit faire des merueilles, elles marchoient toutes à la cadene d'vne volōté sage, mais depuis le desastreux momēt que ce premier ingrat fut rebelle à son Dieu, il trouua des rebelles à luy mesme, & les passions qui luy seruoyent comme des fidelles ministres de ses desseins, sont deuenuës les allumettes de ses seditions au lieu d'attendre les ordres de la raison, elles s'auancent pour empescher ses belles actions. Or il est vray, Messieurs, que le S. Sacrement a le pouuoir de les ranger dans leur deuoir, dautant qu'il nous fait viure vne vie diuine en laquelle il n'y peut auoir aucune passion,

& partant fait que toutes nos operations sont conformes à la raison, & ne se ressentent point de ce dereglement; de telle sorte que comme Iesus-Christ à raison de la vie diuine, qui luy auoit esté communiquée, exerce par son humanité des actions theantropiques, de mesme l'ame qui se conjoint à Dieu en ce Sacrement, où selon S. Chrysostome il se fait la mesme chose auec nous, participe sa façon d'operer, car comme dit le Philosophe, *Prout quæque res est, ita operatur*: & partant comme la vie de laquelle l'ame est participante en vertu du tres-sainct Sacrement, est diuine & surnaturelle, elle

Nos secum, vt ita dicã, in vnam massam reduxit, nec id fide solũ, sed re ipsa suũ corpus efficit.

est par vne douce & morale contrainte forcée à faire des actions surnaturelles & diuines.

Et puis les alimens que nous prenons contribuans beaucoup aux humeurs & naturel de l'homme, l'ame qui est repeüe de la chair de l'Agneau, doit auoir vn naturel diuin, d'où il s'ensuit que comme Dieu est sans passion, ainsi l'homme vsant de la chair de Iesus est maistre de soy mesme, son indomptée concupiscence deuient souple & obeyssante par la vertu de ce morceau des Anges: nous en auons vne belle figure dans l'Escriture saincte. L'Arche du Testament retournant des terres philistines, & posée sur le bord du Iourdain, le cours des eaux s'arresta & retarda son ordinaire mouuement, ce qui fait dire au Psalmiste auec estonnement, *Quid est tibi mare quod fugisti, & tu Iordanis quia conuersus es retrorsum?* Messieurs, ie vois la mesme chose dans vne ame aux approches du tres-S. Sacrement, la presence de Iesus-Christ en iceluy, son passage par la poictrine de celuy qui le reçoit dignement, retarde l'impetuosité de ses passions, & reprime la vehemence de ses peruerses affections en sorte que nous luy pouuons dire comme Dauid, *Quid est tibi mare quod fugisti?* Ame mondaine &

V iij

pecherefle, ambitieufe &c. tu eftois tantoft comme vne mer flottante agitée de mille tourbillons de tant de differentes penfées, defirs, & defreglées affections, & auiourd'huy ie le vois arrefté, calme, chafte, modefte, orné de mille belles & rauiffantes qualitez, qui eft ce qui retient le cours des appetits defordonnez de la concupifcence, c'eft l'Arche du tres-S. Sacrement, qui eftant entré dans ta poictrine a penetré iufques dans ton ame, l'a purifiée & appaifé les tourbillons des vents infernaux & aquiloniens qui la rendoient flottante & agitée comme vne mer, d'où vient que S. Iean Damafcene l'appelle auec sainct Cyrille & S. Gregoire de Nyce, *Carbonem ignitum purificantem animam*, vn charbon de feu qui purifie les ames.

Dans Daniel celuy qui parut dans la fournaise semblable au Fils de Dieu, tempera tellement le feu qu'il ne peût brûler les trois petits enfans exposez à ses flammes, mais pluſtoſt leur seruit d'vn bain rafraichissant. Messieurs, ce monde est vne Babylone, la chair est la fournaise, la concupiscence le feu, & les ames sont les petits enfans du Ciel exposez à ses flammes, mais celuy qui est le Fils de Dieu caché soubz les especes au Sainct Sacrement se presentant en ce fourneau, modere tellement ce feu qu'il demeure dans l'impuissance de nous nuire.

Ce diuin Sacrement est la mammelle de l'Espoux, dautant que d'iceluy se tire vn laict tres-sauoureux, *Oportuit vt ista mensa lactesceret*. Or les mammelles de l'Espoux sõt meilleures que le vin, parce que le vin excite à la lubricité, & allume le feu de la concupiscence *Sine Baccho friget Venus*. Et S. Ambroise nous asseure que *libido pascitur delicijs, vino nutritur, ebrietate inflammatur*. C'est pourquoy parmy les Romains c'estoit vn crime capital & digne de mort si vne femme ou vne fille Vierge eut esté surprise beuuant du vin. Mais le vin des mammelles de nostre Espoux qui se tire par le canal du tres-sainct Sacremét, est meilleur que le vin, parce que s'il eschauffe le cœur, c'est de l'amour diuin, & ses flammes esteignent par vn miracle de la grace le feu de la lubricité, & partant *Meliora sunt vbera tua vino.*

Ainsi, Messieurs, vous connoissez qu'il est vn souuerain antidot à nos maux, & qu'il est le tableau d'vne septiesme Enigme qui nous fait voir l'antidot au venin, venin quand il est pris indignement, & antidot quand il est pris auec reuerence & preparation.

Si donc, Messieurs, vous

craignez les poisons, les arsenics & sublimez, craignez aussi d'aualer ce celeste morceau auec irreuerence, puisque pris de la sorte, c'est vn poison à l'ame auquel la grace mesme refuse ses remedes, puis que le Ciel l'ayant ordonné pour aliment & medecine, vous ne pouuez vous en passer, disposez vous au prealable.

Premierement, quittés voftre habit noir, autrefois c'eftoit vne couftume parmy les Anciens de ne paroiftre iamais aux feftins folennels auec vn habit noir. Ciceron blafme il pas vn fien amy Vatinius de ce qu'il s'eftoit trouué veftu de noir dans vn magnifique banquet? *Quis unquam cœnauit attratus*, luy dit-il par reproche ? c'est vn enseignement à tous ceux qui veulent se trouuer au festin de mon Dieu, *Homo quidam fecit cœnam magnam*, il faut despoüiller l'habit noir du peché & prendre la robbe blanche de l'innocence & pureté. Dans sainct Luc Dieu defend de mettre le vin nouueau dans de vieux pots, de peur que le pot se cassant le vin ne soit perdu. *Nemo mittit vinum nouum in vtres veteres, alioquin rumpet vinum nouum vtres, & vinum effundetur, & vtres peribunt: vinum nouum in vtres nouas mittendum est, & vtraque conseruantur.* Le sainct Sacrement est vn vin nouueau, c'est vn vin, puis qu'il sort de celuy qui s'appelle la vigne, & a esté tiré au pressoir de sa passion, *In qua nocte tradebatur*, il est aussi nouueau, c'est à dire excellent, selon la phrase Hebraïque: ainsi Dauid appellant son Cantique nouueau, *Cantate Domino canticum nouum*, veut dire vn Cantique excellent: ou si vous aymez mieux, c'est vn vin nouueau, parce que comme le vin nouueau a plus de force d'enyurer, ainsi le sainct Sacrement a le pouuoir d'enyurer les ames, d'où vient que Dauid le nomme vn Calice enyurant, *Calix tuus inebrians quàm præclarus est*: Or puis qu'il est vn vin nouueau, il ne

Ego sum vitis vera. Ioan. 15.

veut estre mis dans des vieux vaisseaux, c'est à dire, dans des ames qui ont vieilli dans le peché, mais il luy faut preparer vn vase neuf, vn cœur purifié & net de toutes taches, dont la blancheur & pureté tesmoigne l'innocence.

L'Agneau Paschal se mangeoit auec les laictuës ameres, & les reins ceinturez, c'estoit vne figure de nostre Sacremét, les laictuës ameres marquent la penitence, & les reins ceinturez, la pureté & netteté de l'ame. La manne, autre figure de ce mystere ne tomboit point en des lieux, où estoient des ordures. La table des pains de propositions estoit faite de Cetin, qui est vn bois incorruptible, & l'ame qui doit estre la table du corps de mon Sauueur, doit estre sans corruptiō ou tache de peché, c'est vn beau diamant, il ne faut pas l'enseuelir dans le mortier, c'est vne fleur, *Ego flos campi*, il ne faut pas la ietter sur les fumiers, c'est vn Soleil, il refuit les tenebres, c'est l'Espoux des nopces euangeliques, il n'admet personne à son banquet qui n'ayt vestu la robbe nuptiale de pureté, c'est la vraye Arche d'Alliance, il ne peut demeurer auec les Philistins, le Fils de Dieu a dit luy mesme qu'il se repait parmi les lys, *Qui pascitur inter lilia*, partant pour meriter d'estre son iardin de plaisance, il faut auoir vne angelique pureté figurée par la blancheur du lys.

Secondement, il faut auoir vne odeur forte & attrayante, les attraits d'vne ame sont les desirs, les saints desirs & pieuses affections, ont vn pouuoir tres-absolu pour attirer le Dieu du Ciel, aussi Daniel receut de luy de grandes graces parce qu'il estoit vn homme de desirs, *Quia vir desideriorum tu es.*

Dan. 2.

3. Comme le lys renferme en soy plusieurs petits filets d'or tous esgaux en beauté & grandeur, ainsi l'ame doit auoir l'or de l'amour: autrefois il falloit du feu aux sacrifices, l'Agneau Paschal se mangeoit rosti, pour apprendre que s'il falloit du feu pour la figure, il

faut vn feu d'amour pour la realité & verité, & qu'vne ame n'en doit approcher que roſtie d'amour, le feu doit touſiours bruſler ſur l'Autel, *Ignis in altari ſemper ardebit*. Meſſieurs, quand vous communiez vous eſtes des Temples, & des Autels viuans, bruſlez donc ſans trefue du feu de charité.

4. Le lys croiſt par tout, où il y a certaines fleurs, qui ne croiſſent que dans des beaux parterres, & qui demandent vn ſoin particulier, le lys n'eſt point de cette nature, il croiſt aux champs auſſi bien qu'à la ville, c'eſt le hieroglyphe de l'humilité qu'vne ame doit auoir pour receuoir le Fils de Dieu; elle doit eſtre comme Ruth

Ruth, qui tenoit à grande faueur d'estre cherie de Boos, & de glaner aprés ses moissonneurs, elle doit estre comme le jeune Miphiboset, qui s'estimoit comme vn chien mort en la presence de Dauid.

Voulez vous donc, Messieurs, que ce morceau vous soit vn antidot, preparez vous de cette sorte, faites vous de beaux lys pour receuoir celuy qui paist parmy les lys, purifiés vostre ame, prenez la blanche robe de l'innocence, exhalez l'odeur tresforte des bons desirs, parez vous des filets d'or d'vn sainct amour, abbaissez vous en la presence de vostre Dieu, ainsi ce qui sert de venin à ceux qui

X

322 *Emblemes Eucharistiques.*
le reçoiuent sans disposition, vous seruira d'vn souuerain remede, qui esloignant les maladies, ausquelles nos ames sont sujettes, les sanctifiera icy bas, pour les glorifier au Ciel.

LA FORCE
DANS LA FOIBLESSE,

A V.

SAINCT SACREMENT de l'Autel.

EMBLEME HVICTIESME.

Quod infirmum est Dei, fortius est omnibus hominibus.
1. Corinth. 1.

Ce qui est infirme en Dieu, est plus fort que tous les hommes. 1. Corinth. 1.

PVISQVE la nature semble auoir pris plaisir de mettre la force de la pluspart de ses ouurages és

X ij

plus foibles parties, comme vous pouuez voir par vne induction, le lyon a sa force en la queuë, le scorpion y porte son venin, ainsi que le serpent porte le sien à l'aiguillon, les plus deliées parties de ces trois animaux: la grace qui souuent imite la nature & va suiuant ses pas, en pouuoit faire autant, d'où vient que S. Paul nous asseure que la vertu esclatte dans nos infirmitez, *Virtus in infirmitate perficitur*, & qu'és choses diuines ce qui est foible est le plus fort, *Quod infirmū est Dei fortius est omnibus, &c.* Et en effet, si vous y prenez garde, Samson, qui a seruy de strome au dessein de tous ces discours, & qui m'obligera de

2. Cor.
12.

les fermer, auoit sa force en ses cheueux, & son pouuoir dans le plus foible ornement de son corps. C'est pourquoy ie prendray l'asseurance de dire en ce present discours que la force de Dieu se trouue en sa foiblesse, c'est le dernier Embleme que ie vous ay promis, mais faites en sorte auec moy que pour vous l'expliquer, Dieu par sa force fortifie ma foiblesse.

Vierge Glorieuse, infirme en vostre sexe, & puissante en vertu, tant plus que vous me voyez foible, secourez-moy plus fortement.

ENTRE tous les objects qui forcent nos esprits à l'admiration, ie n'en vois point de plus estonnant que celuy qui nous monstre des actions de forces produittes par des foibles sujets, c'est pourquoy la victoire d'vn petit Bergerot contre vn puissant Geant, la pierre qui reduisit en poudre le grand Colosse du Roy Nabuchodonosor, le pouuoir de Moyse sur le Roy d'Egypte, & autres semblables effets ont passé tousiours pour des merueilles. En effect qui ne s'estonneroit de voir des yeux de la pensée, vne foible courtisane oster des mains du fort Milon la pomme que les plus robuftes Pancratiaftes de la Grece n'auoiét peu arracher? Qui ne s'eftonneroit apprenant qu'vn remora petit poiffon, a la force d'arrefter vn vaiffeau chargé & equippé de toutes pieces? Qui ne s'eftonneroit de voir vn foible & delicat enfant, efgorger les loups, terraffer les ours, affommer les taureaux, dompter les lyons, maiftrifer les elephants, & vaincre fans peine les plus furieux & plus forts animaux? Sans doute les actions de forces par des fujets foibles & impuiffans, font des legitimes & raifonnables fujets d'eftonnement.

C'eft pour cela que les hauts faits des femmes, ont de tout

temps esté mille fois plus considerez que les plus heroïques actions des grands hommes, & que l'Histoire n'a point manqué d'en ramasser les noms pour representer à la posterité vn catalogue d'Amazones, & des tableaux pour admirer sur nos theatres. Les Esther, les Debora, les Iudith, & les autres que nous pouuons appeller femmes fortes, ont enuoyé par tout des eternels estonnemens, ayans fait dans la foiblesse de leur sexe, ce que la force s'estoit, ce semble, reserué.

C'est pour cela mesme que nous nous estonnons, considerant le Fils de Dieu tout desarmé, renuerser au iardin ses troupes ennemies, & atirer de l'Orient les puissances du monde pour receuoir des adorations estant encore dans le berceau, emmaillotté, dans la foiblesse d'vn enfance.

C'est pour cela que les oracles anciens pasmerent leurs idolatres, quand ne rendans plus de responfe, ils en attribuerent la cause à la puissance d'vn enfant :

Me puer Hebræus diuos Deus
ipse gubernans,
Cedere sede iubet, tristemque
redire sub Orcum.

Tant il est veritable que les actions fortes par des foibles principes sont des suiets d'estonnement; mais le suiet seroit encore plus grand, si l'on vous faisoit voir la force dans la foiblesse, & encore a-on veu quelquefois les contraires produits par leurs contraires: la nature permet au feu de descendre contre sõ inclination, pour empescher le vuide; elle souffre beaucoup de choses qu'elle n'a pas ordonné quand c'est pour le bien public de ses sujets, mais iamais on a veu le feu & l'eau estre paisibles ensemble. Or il est plus impossible de voir la force en la foiblesse, que le feu auec l'eau, puisque leur opposition est sans doute plus grande, la priuatiue a plus de repugnance auec son opposé, que n'a pas le contraire. Cela estant, i'ay raison de craindre qu'à la fin vos esprits ne s'alterent, voyant qu'au progrez de ce petit ouurage i'aduance de nouueaux, & moins croyables paradoxes: souffrez encore celuy cy Messieurs, du moins ne refuyez pas d'en receuoir les preuues, & par icelles d'en descouurir la vérité au tres-sainct Sacrement de l'Autel, *Ibi abscondita est fortitudo eius, ante faciem eius ibit mors*. Dans l'ouurage de Dieu, dit le Prophete Abacuc, est cachée la force & puissance de Dieu, mais aussi la mort precedera sa force : c'est à dire que la foiblesse s'y trouuera pareillement, puisque la mort est vn effet de la foiblesse, & que l'effet n'est pas loing de sa cause ; or l'ou-

Aba. 3.

urage de Dieu est le sainct Sacrement, *Opus admirabile Dei excelsi*, c'est son memorial, c'est l'abbregé de ses merueilles, en vn mot c'est l'ouurage d'vn Dieu, c'est donc là qu'est cachée sa puissance, & où se trouue sa foiblesse, vous l'allez voir en peu de mots.

Ecl. 43.

Premierement, il n'a iamais esté plus foible, puisque les effects & marques de la force sont l'actiō & resistance, cōme l'œil mesme nous le descouure: Les cieux monstrent leur force en agissant, & enuoyant des influences tres-puissantes qui impriment par tout leurs mauuaises ou bonnes qualitez: l'homme fait voir la sienne, en agissant & resistant aussi, d'où vient que Aristote dit qu'il est le plus fort entre les animaux, par ce qu'il a des mains, veu que les mains sont les meilleurs organes pour resister & pour agir: les marbres, les pierres, & les metaux n'ont point d'eux mesmes d'actions, aussi leur force ne paroit point dãs l'actiõ, ains seulemét en resistant aux efforts des coups & des marteaux: puisque dis-je la resistance & l'action sont les deux marques de la force, ce qui n'a ny l'vn ny l'autre, marque-il pas vne extreme foiblesse? Or ie connois auec estonnement que le Dieu de mon ame au sainct Sacrement de l'Autel, ne peut agir ny resister aux plus petits efforts des plus debiles creatures, estant d'vne façon indiuisible, il est impuissant de toutes sortes d'actions, & par ce que tout de mesme qu'en l'Incarnation par la communication des idiomes ce qui est de l'humanité est attribué à la Diuinité, & ce qui est de Dieu attribué à l'homme, comme Dieu est mort, Dieu a souffert, l'homme est Dieu, il est glorieux, & le reste: de mesme au sainct Sacrement ce qui est des especes est attribué au corps de Iesus-Christ, de là vient qu'il n'a pas plus de resistance dans l'Eucharistie que les especes en ont: & comme les especes sont les plus legers les plus impuissans corps & les moins resistans qui soient imaginables, Dieu en icelles n'a ny pouuoir, ny resistance, partant qu'il est la foiblesse & l'impuissance mesme.

Ramassés en pensées tous les sujets de la nature qui composent ce monde, vous trouuerez qu'il n'y a sujet si foible qui ne puisse produire quelque chose & qui n'ayt quelque deffése. Les plus petites bestioles ont quelque sorte de deffése contre leurs ennemis, les plus cassans verres se deffendront contre vn feu mediocre, le vent emporte la poussiere, mais elle n'est point perduë, elle ne fait que changer de place. Pareillement la plume est emporteé du vēt, mais elle est à l'abry des dents des animaux, toutes les moindres creatures se peuuent preseruer de quelque sorte d'accident, mais Dieu és especes de nostre Sacrement peut estre battu & abattu de mille & mille differens ennemis, le feu le peut brusler, l'air corrompre, l'eau noyer, la terre engloutir, les foudres escraser, le vent l'emporter & le perdre, l'homme le dechirer, les animaux le deuorer & le ronger, & non seulement les ours, les loups & les lions & autres forts & puissans animaux, voire mesme, ce qui me pasme en y pensant, il peut estre la proye des plus petites bestioles, il peut estre rongé

rongé, mangé des vers sans pouuoir se deffendre, demeurant dans l'ordre de nature, les especes peuuent estre māgées, & rongées par les vers, pareillement Dieu le peut estre, puis que comme i'ay des-ja dit, ce qui est propre aux especes, s'attribuë veritablement & iustement à Dieu.

O le Dieu de mon cœur, si le Prophete se pasma autrefois vous considerant naistre entre deux animaux, que dois-ie faire en vous considerant dans l'Eucharistie, non seulemēt parmy les animaux, mais sujet à leur seruir de proye.

Vous Seigneur qui soustenez d'vn doigt, la pesante machine de la terre, qui faites rouler les cieux d'vne vitesse incōparable, qui arrestez quand vous voulés la course du Soleil, qui tonnez en l'air, qui foudroyez en terre, qui troublez les eaux, qui tuez les hommes, qui abaissez les puissances, qui domptez les feroces animaux, vous ne pouuez resister aux foibles efforts d'vn petit moucheron, d'vn petit vermisseau, ne m'obligez vous pas à dire que vo' n'estes pas foible, mais la foiblesse mesme? Quand vo' vous laissates liurer à la mercy des bandouliers conduits par Iudas l'Apostat, vous volustes paroistre foible comme vn homme, mais au S. Sacrement vous exposant à la mercy de tout le monde, des vents, des elemens, des hommes, des animaux, à souffrir toutes les fortes d'accidens, d'indignités, d'impietés, de miseres, vous auez voulu sans doute estre & paroistre la foiblesse, *Ante faciem eius ibit mors.* Il a voulu, Messieurs, que la mort ne l'abandonât pas, & qu'elle le precedât tousiours, s'estant rendu si foible, qu'à toute heure deuant ou pouuant ressentir des coups mortels, elle deuoit l'accompagner inseparablement.

C'est bien sans doute vne merueille de voir vn Dieu deuenir impuissant, & la puissáce la foiblesse, mais c'est vn prodige de cónoistre que sa foiblesse n'empesche point sa force, *Ibi abscondita est fortitudo eius.*

Et en effet, si la force est vne qualité qui fortifie, & qui fait prattiquer à sō sujet des genereuses actions, & luy fait franchir tous les obstacles qui le destournent de la raison, nous ne pouuons aucunement douter, que l'Eucharistie ne soit la force de mon Dieu, puis que c'est-là qu'il fortifie nostre foiblesse, & d'impuissant rend l'homme tout-puissāt, mesme parmy les grāds obstacles, difficultez, & assauts ennemis.

Pour le connoistre clairement, considerez que nostre ame est vne foible ville, ie ne suis pas le premier qui ayt cōceu cette pensée, lors qu'elle estoit située au Paradis Terrestre, elle estoit forte & tres-biē

Eucharistiques. 341
deffenduë, mais depuis l'infortuné moment qu'elle s'est elle mesme trahy & liuré entre les mains de son persecuteur, nonobstant la reprise par son Roy legitime, qui est venu en personne du ciel en terre pour l'assieger & la reprendre, elle est demeurée dans l'impuissance de se beaucoup deffendre, ce n'est plus qu'vne meschante bicoque, qui est au premier assiegeant. Elle est mal située *In valle lachrymarum*, elle est cōmandée des montagnes voisines, *Montes in circuitu eius*, *Ps. 124.*
elle n'est pas peuplée, dit le Prophete, *Sedet sola ciuitas*, el- *Thre. 51.*
le est seule sans gensd'armes, *Facta est quasi vidua*, elle est puissamment assiegée, *Venit ad*

Y iij

eam Rex magnus, personne ne luy vient au secours, ses plus grands amis luy font la guerre & se sont rangez du party ennemy, *Non est qui consoletur eam ex omnibus charis eius, omnes amici eius spreuerunt eam, & facti sunt ei inimici*, toutes ses portes sont abbatuës, *Omnes portæ eius destructæ*, elle est demantelée, la muraille est minée, la bresche raisonnable y est faite, *Murus pariter dissipatus est*, elle est dégarnie & sans prouision, *Paruuli petierunt panem, & non erat qui frangeret eis*, elle a pour toute deffense son entendemét & sa volonté, mais les escadrons de l'ennemy sont si forts, attaquẽt si puissament son intellect par l'ambition, la

Eucharistiques. 343

gloire & les hôneurs, sa volôté par les attraits, charmes, amorces des biens apparens de la terre, qu'autant d'assauts sont autant de victoires, en vn mot les plus dematelées bicoques, n'ont pas tant de foiblesse ny si peu de deffense que la ville de l'hôme. Si dôc ie vous môstre, Messieurs, que par le moyé du tres-S. Sacremẽt, elle est si biẽ fortifiée qu'elle est faite imprenable, direz vo⁹ pas auec moy, *Ibi abscondita est fortitudo eius*?

Au sentimẽt cômun cette ville est iugée imprenable, qui est bien située, par exẽple au haut d'vne colline qui cômade à to⁹ les lieux circonuoisins, est entourée de fortes murailles, & de bôs bouleuards, biẽ gardée

Y iiii

de gés d'armes, munie de prouisió & de guerre & de gueule, & sur tout si l'eau n'y manque pas, & où les viues sources ne se peuuent tarir, & encore qui est hors de la mine.

Messieurs, croiriez vous bien que le S. Sacrement donne à la ville de nostre ame toutes ces auantageuses conditions? ce qui a fait dire au Prophete par vne saincte rodomontade, *Etsi ambulauero in medio vmbræ mortis non timebo mala, quoniam tu mecum es: parasti in cõspectu meo mensā aduersus eos qui tribulant me*, que la mort viēne, que toutes les puissāces s'arment cõtre moy, *Non timebo mala*, ie n'auray point de crainte d'estre surmonté, puis que vous m'auez

Eucharistiques.

preparé vne table contre mes ennemis, & qui me met à l'abry de leurs coups, me rendant imprenable.

Premierement, il change sa situation, au lieu qu'elle est dans vne vallée, *In valle lacrymarum*, il l'a situé au sommet des plus hautes montagnes, ausquelles rien ne peut commander. Ie ne mets rien en auant Messieurs, que l'Escriture ne m'en donne des preuues, *Iste in excelsis habitabit*, dit le Prophete Isaye, *Sublimitas eius, panis ei datus est* ; cét homme, dit le Prophete, *iste* qui est maintenant dans des vallées, dans vn fond marescageux de larmes & de pleurs, sera logé au plus haut des mō-

Esai. 33.

tagnes *in excelsis montium* : & pour monstrer que c'est par la vertu du tres S. Sacrement il adiouste, *Panis ei datus est*, par ce qu'vn pain luy a esté donné. Belle figure de cette verité dans le diuin epitalame; nous y lisons que le celeste Espoux mena dans ses celiers sa bien aymée Espouse *Introduxit me Rex in cellaria sua*, & aussi tost l'Espoux l'appelle du sommet des montagnes, *Veni de libano sponsa mea, de capite Sanir & Hermon, de cubilibus leonum, de montibus pardorum* : remarquez Messieurs, il la vient de conduire en la caue, aprés il luy dit de descendre du somet des montagnes, est-ce pas ce que ie vous disois que le sainct

Eucharistiques. 347

Sacrement esleue l'homme par dessus les montagnes, aussi tost qu'il est descendu dans ses sacrez celliers, ie veux dire qu'il s'est approché de la table de la communion où est caché le vin sacré du sang de mō Seigneur, le voila à mesme instant sur les montagnes, *Sublimitas montium sublimitas eius, panis ei datus est.*

Le Prophete Elie deuant que manger le pain figure du S. Sacrement, ne pouuoit monter la montagne d'Oreb, & aussi tost qu'il en eust gousté, *Ambulauit in fortitudine cibi illius vsque ad montem Dei Oreb.* 3. Reg. 19.

L'Arche de Noë pareillemēt figure de l'Eucharistie, reposa Noé & tout ce qui estoit dedās sur les mõtagnes d'Armenie. Tãt il est veritable que le S. Sacrement situë l'homme ceste ville mystique sur les hautes mõtagnes, *In excelsis habitabit, panis ei datus est*. Ne pensez pas pourtant, que le S. Sacrement emporte vne ame qui a communié sur quelque mont Olympe, Athlas, Athos, Cassus, Gibel d'Arabie, Pyrenée, Alpes, & autres monts : ne soyez pas si grossiers en vos pensées, les montagnes où Dieu esleue l'ame dans le S. Sacrement sont plus merueilleuses que celles de la terre, que celle de la calamité qui est couuerte d'esmeraudes, diamans & rubis. Les Anges sont-ce pas des montagnes ? Le prophete nous l'enseigne-il pas ? *Fundamenta eius in montibus* Ps. 86. *sanctis.* C'est la pensée de tous les interpretes & qui me force à dire que le S. Sacrement porte l'homme aux montagnes, puis qu'il l'esleue par dessus les Anges. Ouy, Messieurs, c'est par la vertu du Sacrement que Iacob supplante son frere Esaü, que l'homme le cadet emporte la primauté au dessus des aisnés les Anges glorieux, encore que les Anges au Ciel iouyssent à plaisir de la visió glorieuse de Dieu, l'homme au S. Sacrement a vn auantage plus grand, bié qu'il ne soit pas si sensible, en tant qu'il est vni à Dieu substantiellement, mais de telle sorte que si par impossible il n'y auoit point de Dieu au ciel, en terre point d'hôme que moy, venant tout fraischement de receuoir ce sacré morceau, les Anges en le voyant en moy seroient sans doute biē-heureux, Dieu estant cóme au ciel dans moy, chez moy, vni à moy, voire nous fait auec luy cóme vne mesme chose par cette substātielle vniō. Et voila pourquoy la bien-heureuse Ste Agnes ayant receu, comme dit S. Ambroise, ce pain delicieux, disoit hautement, *Iam corpus meum corpori Christi sociatum est, & sāguis eius ornauit genas meas:* c'est à cette heure que mon corps est le corps de Iesus, & que le vermillō qui colore ma face, ne vient pas tant de mon sang que de celuy de Iesus Christ. Et S. Cyrille disoit-il pas autrefois à son peuple: *O honorem Christiani, ô amorem Dei! digni effecti diuinis mysterijs, concorporei, & consanguinei Christi facti estis.* Par où nous connoissons tresclairement que le S. Sacrement esleue l'homme au dessus des Anges glorieux.

Ainsi par son moyé il change de situatió, il n'est plus dans les vallées delarmes & de pleurs, mais plus haut que les cieux par dessus tous les Anges, sainctes montagnes de Dauid.

Il la pouruoit auantageusement de munitions & de guerre & de gueule, seconde condition d'vne ville imprenable, il luy fournit des armes, & luy donne le pain & l'eau abondamment, il luy fournit des armes, ou pluſtoſt luy meſme eſt vne armeure, encore que c'eſt vn pain, il ne laiſſe pourtant d'eſtre vn glaiue affilé, le glaiue peut eſtre pain, le pain peut eſtre glaiue. Dans le liure des Roys Gedeon eut vn ſonge, qui luy fit voir vn pain cuit ſoubs la cēdre deſcendant ſur l'armée des Madianites, lequel eſtant arriué au Tabernacle, le frappa, le mit par terre, & le ruina : cōme il le racontoit, vn de la compagnie s'eſcria, *Verè non eſt hîc aliud niſi gladius Gedeonis.* Voulez-vous ſçauoir quel eſt le pain? c'eſt ce glaiue de Gedeon, ſi bien que le pain peut eſtre

Iud. 7.

Eucharistiques. 353

peut estre glaiue, & le glaiue peut estre figuré par le pain. Ainsi Messieurs, le pain sacré de Iesus-Christ sert à l'homme de glaiue, glaiue plus penetrant que les cousteaux à deux trenchans, glaiue semblable à celuy de Dauid, *Cui non est similis*, qui n'a point de semblable. Dieu mille fois prouident nous a mis entre les mains plusieurs armures pour repousser nos ennemis, nous auons le ieusne, l'oraison, les aumosnes, sont des armes celestes, dient S. Basile & S. Iean Chrysostome, mais il n'y en a point de comparable à celuy cy, C'est le plus fort de tous les glaiues, aussi S. Ierosme au lieu de *Panem Angelo-*

Z

rum, comme l'on dit communément, a tourné *Panem fortium*, le pain des forts: & en effet nous ne sçaurions exprimer combien d'ames estans furieusement attaquées des forces ennemies des-ja perplexes & chacelátes, ont en fin surmonté, armées de ce glaiue diuin. Combien, qui dans les angoisses des persecutions commençans des-ja à conceuoir quelque desespoir, ont pris force & courage & effrayé le diable, *Facti diabolo terribiles*?

Ce pauure Egyptien estoit en cét estat sans force ny vertu, mais aprés qu'il eust auallé le pain, il deuint vigoureux, *Dederunt ei panem vt comederet, &*

refocillatus est. Et si vous en doutez encore, faites en vous mesme l'experience. Le monde vous persecute-il ? la chair vous fait-elle la guerre ? le diable s'arme-il contre vous ; desploye-il les ressors de ses finesses?s'efforce-il de vous rauir l'amour que vous deuez à Dieu ? la fortune vous est-elle contraire?prenez ce glaiue, croyés moy ; tous ces broüillards se fondront & dissiperõt au brillant & à l'ardeur de son esclat, c'est vn glaiue qui n'a pas son pareil. Mais c'est aussi vn pain, *Hic est panis quem dedit nobis Dominus ad vescendum.* C'est vn pain qui est à l'homme prouision de gueule aussi bien que de guerre : car ce pain n'est pas comme les autres qui peuuét manquer dans la suitte du temps, & celuy-cy ne manquera iamais. *Ecce ego vobiscum sum vsque ad consummationem sæculi.*

Dauantage ce pain est encore eau, *panis ei datus est, aquæ eius fideles sunt.* Ce qui est plus à craindre à vne ville est le manquement d'eau, quand vne place est reduitte à la soif elle ne peut plus resister : sans vn coup du Ciel la ville de Bethulie pressée de soif estoit réduë à Holophernes. La soif contraignit Lysimachus nonobstant qu'il eut vne puissante armee de se liurer à la mercy de l'ennemy, pour auoir vn petit verre d'eau. Les citadel-

Eucharistiques.

les plus fortes ont autrefois entré en composition pour la disette d'eau, aussi celles qui manquent d'eau ne sont point estimées imprenables. Mais ne pensez pas aussi que l'homme manque d'eau par le moyen du sacrement, sil est glaiue & pain, il est encore vne eau : c'est vne fontaine merueilleuse qui arrose nos ames de mille fleuues agreables. Il est certain que le fils de mon Dieu consideré en toutes les façons est vne viue source, en tant que le fils du Pere dans la sacrée Triade, c'est vne abondante fontaine qui prend la source du haut de la montagne du Pere eternel, *Fons sapientiæ verbum Dei*.

Consideré en tant que reuestu de nostre chair, c'est vne source qui sort de la terre feconde des entrailles de Marie pour arroser les steriles cāpagnes de ce monde, *Fons ascendebat de terra ad irrigandam vniuersam superficiem terræ.*

Cōuersant parmy les hōmes c'est vne source de doctrine:

Mourant, c'est vne source de bonté qui iette le sang par cinq canaux de son corps pour lauer nos pechez, & faire vn vtile deluge pour submerger tous les coins du monde: En la resurrection c'est vne fontaine de gloire, *fons hortorum, cuius non deficient aquæ* : Montant au Ciel c'est vne fontaine de benedictions, *Ascendens*

Christus in altum dedit dona hominibus. Neantmonis il est sur tout vne fontaine consideré au tres-S. Sacrement, *Panis ei datus est, aquæ eius fideles sunt.* Les eaux des autres sources n'ont coulé qu'en vn temps, mais les eaux de ce pain couleront à iamais, *aquæ eius fideles sunt,* ses eaux sont fidelles & iamais ne tarissent, ses eaux sont fidelles, puis qu'il n'y a rien au monde en grace & en nature qui rafraichisse plus vne ame, & qui tempere mieux les ardeurs de sa concupiscence. Dans Daniel celuy qui parut dans la fournaise semblable au fils de l'homme tempera tellement l'actiuité du feu, qu'au lieu de brusler les trois petis enfans exposez à ses flammes, il leur causa du rafraichissement. Ce monde est vne Babylone, la chair est la fournaise, la concupiscence le feu, toutes les ames sont iettées & exposées dans les flammes: Mais celuy qui est le fils de Dieu semblable au fils de l'homme caché soubs les especes, se presentant à ce fourneau, il modere tellement ce feu qu'il ne peut nuire aux ames, il maistrise les appetits & esteint le feu de la concupiscence, car il est vne source dont les eaux sont fidelles: Ainsi Messieurs, il donne à la ville de l'homme toutes les conditions d'vne ville imprenable: il l'a située sur les montagnes, il luy donnne du pain & des armures, & de l'eau en abondance: Voulez-vous encore que la ville soit entourée de fortes murailles, voyez-vous pas que le Sainct Sacrement sert à l'homme d'vn bouleuard inexpugnable? *ero illi murus igneus.*, ie luy feray vne muraille de feu. Voulez-vous qu'il y aye dedans pour commander vn braue Capitaine & expert Gouuerneur, Dieu mesme y est le Capitaine, *Deus in medio eius non commouebitur.* Ainsi par la vertu du Sacrement l'homme a tout ce qu'il faut pour estre vne ville imprenable, & partant il fortifie nostre foiblesse : de sorte qu'estant le propre de la force de nous fortifier, *Infirmi accincti sunt robore*, de là vient que nous voyõs dans l'Eucharistie, la force dans la foiblesse, *Ibi abscondita est fortitudo eius.* En quoy, Messieurs, il nous apprend vne belle leçon, & nous fait voir que si la force de Dieu compatit auec sa foiblesse, la foiblesse de l'homme ne doit point empescher les actiõs de force, & que nous deuons croire aux penseés de S. Paul, qui nous asseure que *Virtus in infirmitate perficitur*, que la vertu se perfectionne dans la foiblesse, & dans l'infirmité.

C'a donc esté iustement que ie vous ay dit dans mon pre-

Abac. 3.

mier discours que le Fils de mō Dieu estoit ce genereux Samsō, lequel au festin de ses nopces auoit proposé des Emblemes aux cōuiez, puisque mon Dieu aprés auoir espousé nostre traistresse nature, deuant que consōmer le mariage sur l'arbre de la croix & espandre son sang dessus comme dans vne matrice, & dire que *Consūmatum est*, il a fait vn festin solennel à tous les hommes, & en iceluy il leur a proposé des Emblemes: vous les auez veu, Messieurs, en cette œuure toutes expliquées, il ne reste plus qu'à vous d'ē faire vostre profit, ç'a esté le dessein de Dieu, il cache les belles verités sous des enigmes, affin que nôtre esprit s'y arreſtât dauátage,en réporte & conſerue des plus ſolides eſpeces: Meſſieurs ſecódez les deſſeins d'vn Dieu amoureux, & puis qu'il nous a fait voir ſon amour dans nos haynes, affin que vous aymiez dans les rigueurs comme dans les douceurs: la vie dans la mort, affin que vous viuiez en grace parmy les affres de la mort qui nous attaque chaque iour : ſes grandeurs dans ſes abbaiſſemens, pour nous monſtrer que les humiliations eſtoient les eſchelons de gloire : la ſuauité dans le degouſt, affin que les plus rudes apparences ne nous dégouſtent pas de nous coller à celuy qui a chez ſoy toutes les plus charmantes de-

Eucharistiques. 365

lices: le Soleil dans la nuict, affin que nos actiõs soiét toutes lumineuses dans les tenebres de la foy: les richesses dans la pauureté, affin de mespriser les biens de la fortune qui ne se puisent que dans les contraires: finalement l'antidot dans le venin, pour nous signifier que la santé plus solide de l'ame estoit souuét causée par ses blessures, de nous les faire considerer comme des sources de gloire, & non de sang: la force en la foiblesse, pour nous monstrer, que si ces deux opposez compatissent ensemble, la foiblesse de l'homme ne doit point empescher les actions de force, & que nous deuons croire aux pensées de

S. Paul, *Virtus in infirmitate perficitur.* Aymés donc, Messieurs, dans les afflictions, aussi bien qu'és consolations, viuez dans la mort d'vne vie qui n'en a que le nom, cherchez les vrays honneurs & grandeurs dans les abbaissemens, les suauitez & douceurs dans les peines, enuoyés des gracieux rayons dans les fascheuses nuicts, cherchez les thresors du Ciel dās les disettes de la terre, & ne craignez pas dans vos foiblesses, Dieu y peut imprimer le seau de sa plus grande force; & puis qu'elle est au tres S. Sacrement, approchez vous en dans vos miseres, dans les assauts, dans les attaques, tentations, & efforts de tous vos ennemis, affin qu'ayans esté fidelles en peu, & forts dans vos combats, vous soyez plus glorieux en vos triomphes.

F I N.

www.ingramcontent.com/pod-product-compliance
Lightning Source LLC
Chambersburg PA
CBHW060609170426
43201CB00009B/949